高职汽车检测与维修技术专业立体化教材

汽车维护技术

中国交通教育研究会职业教育分会　组织编写
上海景格科技股份有限公司　技术支持
蔺宏良　黄晓鹏　主　编
姚　鑫　高彦军　副主编

人民交通出版社股份有限公司
China Communications Press Co.,Ltd.

内 容 提 要

本书是高职汽车检测与维修技术专业立体化教材之一,主要内容包括:汽车维护认识、汽车润滑油的检查与更换、汽车工作液的检查与更换、汽车发动机维护、汽车底盘维护和汽车电气电控系统维护。

本书可作为高等职业学校汽车检测与维修技术、汽车运用与维修技术等专业核心课程教材,也可作为汽车服务人员在职培训及汽车爱好者的自学指导书。

图书在版编目(CIP)数据

汽车维护技术/蔺宏良,黄晓鹏主编.—北京:
人民交通出版社股份有限公司,2018.5
高职汽车检测与维修技术专业立体化教材
ISBN 978-7-114-13155-4

Ⅰ.①汽⋯ Ⅱ.①蔺⋯②黄⋯ Ⅲ.①汽车—车辆修理—高等职业教育—教材 Ⅳ.①U472

中国版本图书馆 CIP 数据核字(2018)第 047360 号

书　　名:	汽车维护技术
著 作 者:	蔺宏良　黄晓鹏
责任编辑:	戴慧莉
责任校对:	尹　静
责任印制:	张　凯
出版发行:	人民交通出版社股份有限公司
地　　址:	(100011)北京市朝阳区安定门外外馆斜街 3 号
网　　址:	http://www.ccpress.com.cn
销售电话:	(010)59757973
总 经 销:	人民交通出版社股份有限公司发行部
经　　销:	各地新华书店
印　　刷:	北京市密东印刷有限公司
开　　本:	787×1092　1/16
印　　张:	8.25
字　　数:	181 千
版　　次:	2018 年 5 月　第 1 版
印　　次:	2018 年 5 月　第 1 次印刷
书　　号:	ISBN 978-7-114-13155-4
定　　价:	33.00 元

(有印刷、装订质量问题的图书由本公司负责调换)

高职汽车检测与维修技术专业立体化教材编委会

主　任：魏庆曜

副主任：吴宗保　李　全　解福泉

委　员：陈瑞晶　陈　斌　刘　焰

　　　　高进军　崔选盟　曹登华

　　　　曹向红　官海兵　李　军

　　　　刘存香　缑庆伟　袁　杰

　　　　朱学军

秘　书：钟　湄

前 言

《国家中长期教育改革和发展规划纲要(2010—2020年)》的发布,为中国近十年的教育改革和发展提供了明确的前进方向。围绕《纲要》实施,"适应经济社会发展和科技进步的要求,推进课程改革,加强教材建设,建立健全教材质量监管制度"是职业院校教学改革的重要内容。如何实现教材建设和课程改革相结合,满足学生职业生涯发展和社会经济发展相适应,十分关键。

本套教材以中国交通教育研究会职业教育分会汽车运用工程专业委员会制订的汽车检测与维修技术专业人才培养方案和课程标准为依据,以行业典型工作任务为课程内容参照点,以完整任务为单元组织内容,以任务实施为主要学习方式,满足高职汽车检测与维修技术专业培养技能人才的教学需求,具有以下特点:

1. 学习任务工作化。以任务驱动为导向,按照典型工作任务、完整过程和工作情境设计教学内容。从岗位需求出发,实现教学内容融合工作任务,通过任务实施巩固学习过程,为学生提供全面的学习和培养。

2. 教学内容专业化。在中国交通教育研究会职业教育分会汽车运用工程专业委员会的指导下,组织教育专家设计、行业专家指导、技术专家和院校教学专家团队编写,保证了教学理念的先进性及教材内容的专业性。

3. 教材形式立体化。以"高职汽车检测与维修技术专业资源库"为支撑,资源库中含有丰富的动画、视频、优秀图书、论文、知识拓展等素材资源,教材中的相关知识点附近配有二维码,扫码可观看动画或视频资源,使课程更加形象化、情景化、动态化、生活化。

4. 课程内容全面化。课程全面覆盖各层次学生学习需求,不仅涵盖重要知识内容和关键操作步骤,而且配套资源库中推荐众多优秀图书、论文、知识拓展链接,为各层次学生精选、设计匹配学习方法,丰富学习渠道,满足学生多种场景学习要求。

5. 教学形式信息化。课程采用教材与网络资源库同步呈现模式,实现网络云端数据访问,教学素材实时更新,满足各院校信息化教学需求。

6. 教学质量可视化。课程不仅设计有全面的考核项目和海量题库,同时配套景格云立方教学管理平台,实现教学全过程信息化管理,有效地把控教学效果。

本套教材是中国交通教育研究会职业教育分会汽车运用工程专业委员会组织,四川交通职业技术学院、广西交通职业技术学院、天津交通职业学院、广东交通职业技术学院、湖北交通职业技术学院、江西交通职业技术学院、陕西交通职业技术学院、北京交通运输职业学院、河南交通职业技术学院(院校排名不分先后)及上海景格科技股份有限公司深度合作,在行业专家、教学专家的指导下共同开发的"汽车类专业教学资源库"配套教材。希望通过本套教材的使用,使学生能够学到扎实的基础知识、练就娴熟的专业技能、掌握实践操作经验,让学生决胜于职场,创造出一个美好的未来。

《汽车维护技术》是本套教材中的一本,与传统同类教材相比,本书结合汽车维修企业日常工作任务中最常出现的维护作业项目,对学生的知识结构及实践能力进行强化,以便学生更好地适应汽车维修企业的日常工作。本书从汽车机电维修工的岗位职业能力要求出发,对其岗位工作内容进行梳理,提炼出典型的工作任务。全书包括汽车维护认识、汽车润滑油的检查与更换、汽车工作液的检查与更换、汽车发动机维护、汽车底盘维护和汽车电气电控系统维护六个学习任务。

本书的编写分工为:陕西交通职业技术学院的蔺宏良编写了学习任务一、学习任务六的子任务1至子任务3,陕西交通职业技术学院的黄晓鹏编写了学习任务四、学习任务六的子任务4,陕西交通职业技术学院的姚鑫编写了学习任务二、学习任务三,陕西交通职业技术学院的高彦军编写了学习任务五,蔺宏良和黄晓鹏负责全书的统稿。全书由蔺宏良、黄晓鹏担任主编,由姚鑫、高彦军担任副主编。

在本书的编写过程中,编者参阅了大量国内外文献,引述文献已尽量予以标注,但难免存在疏漏,在此对各文献作者一并致谢!

由于编者水平有限,加上时间仓促,书中疏漏与不妥之处在所难免,敬请有关专家和读者批评指正。

编委会
2018 年 1 月

目 录

学习任务一　汽车维护认识 1
学习任务二　汽车润滑油的检查与更换 13
　子任务1　发动机润滑油的检查与更换 14
　子任务2　DSG变速器油的检查与更换 23
学习任务三　汽车工作液的检查与更换 30
　子任务1　冷却液的检查与更换 31
　子任务2　制动液的检查与更换 38
学习任务四　汽车发动机维护 44
　子任务1　空气滤清器的清洁与更换 45
　子任务2　电子节气门的清洁与基础设定 49
　子任务3　火花塞的检查与更换 56
学习任务五　汽车底盘维护 65
　子任务1　制动器的检查与维护 66
　子任务2　车轮的检查与维护 74
　子任务3　底盘其他系统维护 82
学习任务六　汽车电气电控系统维护 91
　子任务1　蓄电池的检查与维护 92
　子任务2　汽车诊断仪的使用 100
　子任务3　维护周期的复位 107
　子任务4　灯光、仪表系统的检查 110
参考文献 123

学习任务一　汽车维护认识

任务概述

　　随着行驶里程和使用时间的增加,由于多种因素的影响,汽车上的机构和零件必然逐渐产生不同程度的松动、磨损和机械损伤,各种运行油液也会出现或多或少的消耗,橡胶塑料件也有可能出现老化损坏,从而导致汽车的动力性、经济性、可靠性、安全性等随之下降。为了使汽车经常处于完好的技术状况,及时进行维护是非常必要的。

　　汽车维护和汽车修理是密切相关的,在汽车的正常使用过程中应坚持以维护为重点,"七分养三分修"说的就是这个道理。定期维护汽车对保持车辆的使用性能、延长汽车的使用寿命有着重要意义。

　　汽车维护涉及的内容很多,不同品牌汽车的维护周期、作业流程和作业内容不尽相同,即使同一品牌汽车,不同的行驶里程、不同的车况所需要维护的项目也不一样。为此,我们有必要知道国家、汽车厂商关于汽车维护的要求和内容,才能为客户提供更优质的技术服务。

学习目标

(1)能给客户描述汽车维护的目的和意义。
(2)能够说出汽车维护的主要作业内容。
(3)能够进行车辆的基本检查。
(4)能用专业知识对客户使用和维护汽车进行指导。
(5)能够识别常用的汽车维护工具、设备。

(6)能通过查阅维修手册、专业网站等资源帮助解决实际问题。
(7)能与其他同学相互协作完成工作任务。
(8)能够按照企业5S要求和安全生产规范进行操作。
(9)养成自主学习的习惯,培养操作规范的工作作风及环保意识。
建议学时:4学时。

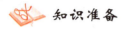
知识准备

一、汽车维护的相关规定

汽车维护俗称汽车保养。为了规范在用汽车的维护作业,使汽车保持良好的技术状况,减少汽车故障,保证行车安全,延长汽车使用寿命,有效控制汽车的污染物排放,国家技术监督局于2016年12月13日发布了《汽车维护、检测、诊断技术规范》(GB/T 18344—2016),该规范自2017年7月1日正式实施。

该技术规范中将汽车维护分为日常维护、一级维护和二级维护三类。

1. 日常维护

日常维护是以清洁、紧固和安全检视为作业的中心内容,由驾驶员负责执行的车辆维护作业。日常维护包含出车前、行车中和收车后三部分。

2. 一级维护

一级维护是除日常维护作业外,以清洁、润滑、紧固为作业中心内容,并检查有关制动、操纵等安全部件,由汽车维修企业负责进行的车辆维护作业。

3. 二级维护

二级维护是除一级维护作业外,以检查、调整制动系统、转向操纵系统、悬架等安全部件,并拆检轮胎,进行轮胎换位,检查和调整发动机工作状态和汽车排放相关系统为主的维护作业。车辆维修手册中有特殊维护要求的系统、总成和装置(如免维护蓄电池、免维护轮毂等),其维修项目执行车辆维修资料规定。

该技术规范还规定,汽车一级、二级维护周期的确定,应以汽车行驶里程为基本依据,依据车辆生产厂家的使用说明书的有关规定,参考汽车使用条件的不同来确定。对于不便用行驶里程来统计、考核的汽车,可用行驶时间间隔来确定一级、二级维护周期。

目前,在汽车服务行业,汽车维护一般按照汽车生产厂家的使用说明书进行。车辆交付给客户后的维护,一般分为首次维护和定期维护,不同品牌汽车的维护周期也不尽相同。例如:东风标致汽车的首次维护和定期维护周期都为7500km或者6个月,以先到达者为准。一汽-大众迈腾汽车的首次维护为5000km,以后的定期维护周期为10000km。

二、汽车基本维护作业内容

汽车的维护作业一般包括灯光检查、功能部件检查、发动机相关维护、变速器相关维护、制动系统相关维护及其他系统相关维护等内容。以 2012 款一汽 – 大众迈腾汽车为例，其定期维护计划见表 1-1。

2012 款一汽 – 大众迈腾汽车厂家建议维护计划　　　　表 1-1

行驶里程（km）	机油机滤	机油滤芯	空调滤芯	空气滤芯	制动液	汽油添加剂	变速器油	转向助力油	火花塞
5000	●	○	○	○	第24个月更换	●	○	—	○
10000	●	○	○	○		●	○		○
20000	●	○	○	●		●	○		●
30000	●	○	●	○		●	○		○
40000	●	○	○	○		●	○		○
50000	●	○	○	○		●	○		○
60000	●	●	●	●		●	○		●

注：1. 新车质保期为两年或 6 万 km；2. ●表示需要更换；○表示建议更换。

1. 灯光检查

（1）车内照明设备功能检查。检查仪表指示灯、阅读灯、手套箱照明灯、上车照明灯、行李舱照明灯等是否正常工作。

（2）车外照明设备功能检查。检查驻车灯、示廓灯、近光灯、远光灯、前雾灯、后雾灯、转向灯、警示灯、制动灯、倒车灯、车牌灯等是否正常工作。

（3）使用前照灯灯光检测仪对前照灯进行检查，必要的时候进行调整。

2. 功能部件检查

1）喇叭、收音机、点烟器、空调系统、外电动后视镜等检查

检查喇叭是否都能正常工作，喇叭壳内是否有进水现象，收音机、点烟器、空调系统、外电动后视镜是否正常工作。

2）电动车窗检查

（1）车内按钮功能及车外门锁控制和遥控钥匙控制功能必须都保持正常。

（2）检验防夹功能，检验后必须进行再次设定。

3）安全气囊检查及安全带功能检查

（1）气囊外表是否损伤，安全带功能是否正常。

（2）气囊不能粘贴覆盖物。

（3）安全带高低调整是否正常。

4）自诊断系统检查

（1）读取故障码，复位自诊断系统。

（2）使用 VAS 6150 等诊断仪的引导型故障查询功能对车辆进行检测。

5）维护周期显示器复位

在车辆移交检查、机油更换维护后要做显示器的复位，使用 VAS 6150 诊断仪连接车辆，通过引导型功能，依次选择——品牌——车型——年款——发动机类型，确认车辆 VIN 号，

选择组合仪表——复位，按照引导型功能进行匹配，直到提示退出，关闭点火钥匙后再打开，确认里程表内不再有维护提示。

6）多功能转向盘按键功能检查

进入自诊断 16 多功能转向盘地址中数据组功能，检测每一按键功能。

7）检查前照灯清洗装置

如果有此装置的话，检查其功能是否正常。

8）检查车门限位器、固定销、门锁、发动机舱盖、行李舱盖铰链和锁扣润滑

（1）防止运动件过度磨损和车门限位器产生异响。

（2）使用大众专用润滑脂 G 000 150。

9）天窗的维护

（1）检查活动天窗的功能，防夹功能是否正常。

（2）清洁导轨并用专用油脂 G 000 405 02 涂敷。

（3）检查天窗的落水管排水是否通畅。

10）刮水器及清洗装置检查

如果刮水器刮片工作效能降低，刮水器电动机或部件出现故障将影响到驾驶员雨天驾驶视野的清晰度，危及行车安全。检查中，主要检查雨刮片是否老化龟裂、刮动是否有异响、刮水臂是否松旷等问题，检测中，还应该注意检查前后刮水定位点、检查前风窗玻璃落水槽。

11）各零件损坏或者泄漏的检查

检查线束类是否固定正确、牢固；燃油、真空、电气、制动、ATF 等各种管路是否存在安装干涉及损伤泄漏（重点检查曾经出现过碰撞事故的部位）。

12）灰尘及花粉过滤器

座舱空调滤清器的作用是吸附灰尘和花粉等颗粒并净化车内空气，改善车内空气环境，需要定期进行检查、清洁或更换空调花粉过滤器。

13）蓄电池检查

（1）蓄电池正负极上的螺栓要按照规定扭矩上紧，不能有松动。

（2）观察蓄电池上的电眼，必要时使用电瓶测试仪检测蓄电池状况。

14）散热电子风扇插座检查

散热器电子风扇工作电流很大，如果插头接触不良，则在电路中会产生较大的阻抗，从而导致结合处发热烧毁，使散热器风扇失效。

3. 发动机相关维护

1）冷却系统检查与维护

冷却系统对发动机的性能有很大的影响。在定期维护中，重点检查冷却系统管路及部件有无泄漏，冷却液量是否足够、冰点是否满足要求和膨胀水箱盖密封性能等。

2）火花塞的检查与更换

根据不同发动机类型检查火花塞的电极间隙，按照里程或时间及时更换火花塞，使用正确的专用工具拆装，并按照规定力矩拧紧，尤其要注意不同的火花塞对应的零件号，防止装错。TSI 发动机的火花塞使用寿命比较短，注意及时更换。

3）发动机积炭的检查与清洁

在出现冷起动困难、发动机不起动、加速无力、热车怠速抖、机油消耗量增大、行驶中熄火等情况时，可以使用内窥镜进行积炭检查，必要时可以使用专用清洁剂清洗节气门，并使用汽油清洁剂等清除内部的胶质和积炭等，改善发动机的性能。

4）空气滤清器的清洁或更换

定期清洁或更换空气滤清器，可以防止空气中的粉尘、颗粒进入发动机内部，防止发动机出现早期磨损。在使用或维护中，注意空滤器壳体内表面灰尘和污物的清洁，应根据里程或使用时间及时更换空气滤清器。

空气滤清器的清洁

5）发动机润滑系统检查

检查更换机油和机油滤清器，并使用汽车厂家推荐的专用机油。

6）发动机燃油系统检查

（1）对汽油滤清器按照里程或使用时间及时检查与更换。

（2）燃油系统卡箍大多采用一次性带耳卡箍，严禁用其他形式卡箍来替代。

（3）对无回路燃油系统进行放气。

7）检查三角皮带、楔形皮带、凸轮轴齿型皮带

如果皮带出现硬化、龟裂、磨损过度和张紧力度不够等损坏情况，严重时皮带会折断，导致严重的后果，在检查中如果发现上述情况，必须更换皮带。未出现上述现象的，如果达到了更换的里程也应该更换。

8）尾气排放的检测

CO（一氧化碳）、HC + NOx（碳氢化合物和氮氧化物）、PM（微粒、碳烟）等有害气体的检测，如果达不到所要求的排放标准，需找到故障点并对相应部件进行维护。

4. 变速器相关维护

1）手动变速器油的检查

手动变速器油使用齿轮油，主要起润滑和冷却的作用。目前大众汽车使用的手动变速器油为SAE75W-90。定期维护时要检查齿轮油是否足够，按照里程和使用时间及时更换。

2）自动变速器油（ATF）的检查

ATF的作用是润滑降温，同时传递扭矩，它的工作温度一般在80℃-140℃范围内。ATF被旋转的零件搅动，互相间产生大量的摩擦热，使ATF容易过热产生变质，失去对变速器的保护功能和动力传递功能。ATF添加过少会使离合器和制动器打滑，在换挡时冲击过度，齿轮和其他旋转零件润滑不良；ATF添加过多后呈泡沫状从通风管溢出，大量泡沫溢出将会导致ATF油总量减少，有时还会传出变速器漏油的错误信息。

定期维护时要检查ATF是否适量，不足时要进行添加，过量时要放掉一部分，并按照汽车厂家推荐的使用里程和使用时间及时更换。

5. 制动系统相关维护

1）制动系统泄漏排查和制动液液面检查

（1）如果制动系统出现泄漏或者制动液液面过低，可能出现制动失效，导致严重的后果。

(2)制动液压管路出现松动可能导致管路过早老化、磨损,甚至破裂。因此,管路固定要重点检查维护,尤其是事故车辆。

(3)发生过碰撞的事故车辆,在其碰撞部位要仔细检查管路是否受损、泄漏。

(4)在长时间工作后,制动液会吸收空气中的水分,产生氧化变质,影响其性能,导致制动系统失效。

(5)制动液与机油、汽油、清洗剂不得混合。

(6)制动液不得与油漆接触。

(7)制动液要密封保存。

(8)制动液的更换要严格按照维护手册的要求,两年或者5万km必须更换。

2)制动盘和摩擦片磨损检查

(1)制动盘与摩擦片是一对摩擦副,如果摩擦片磨损了,制动盘也会有一定的磨损。

(2)制动盘过度磨损使表面平整度降低,实际的接触面积变小,造成制动力不足。

(3)磨损后的制动盘热容量降低,持续制动时温度升高很快,更易产生热衰退现象。

(4)制动盘磨损变薄,无形中增加了制动器行程,使得制动的灵敏性降低。

(5)根据不同的车型查找维修手册,参照制动盘和摩擦片的磨损极限对其进行测量,以确定是否要进行更换。

3)驻车制动器检查

对手动驻车制动器进行行程检查,对电动驻车制动器检查效果,并对拧紧力矩进行确认。

4)制动轮缸泄漏检查

汽车上的制动系统大多采用液压传动,即通过制动主缸将油压传送到制动轮缸上,再将制动力传递到车轮上,制动轮缸泄漏会使得油压降低,制动力得不到保障,从而影响制动效果和行车安全。

6. 车辆其他系统相关维护

1)助力转向系统的泄漏检查和液压油液面检查

(1)若管路出现泄漏,则助力系统将失效,可能产生严重的后果。

(2)若液压管路不固定,行驶过程中就会摇摆,与周围部件碰触、摩擦,使其过早老化、磨损,甚至破裂,导致系统失效。

(3)发生过碰撞的事故车辆,在其碰撞部位要仔细检查管路是否受损、泄漏等。

(4)如果液压油面过低,有可能产生工作中液压系统无法得到足够的补充油液,出现突然失效,应该及时补充。

2)横向稳定杆、转向拉杆等的检查

转向拉杆螺栓松动会导致转向盘自由行程太大,转向灵敏度下降,从而影响行车安全,因此应及时检查维护。其他如稳定杆、连接杆也要检查间隙和连接是否牢固。

3)底盘螺栓的检查

检查底盘螺栓是否松动,紧固时要按照规定力矩和顺序拧紧。

4）轮胎磨损和胎压检查

检查轮胎磨损情况,必要时进行轮胎换位,如果有不正常的轮胎磨损,建议使用四轮定位仪进行进一步检测。

5）轮毂轴承间隙调整

间隙过大,会使车轮歪斜;间隙过小,会使滚动阻力增大、增大耗油量。

6）离合器踏板行程位置调整

踏板自由行程太小,离合器容易打滑。自由行程太大,会造成离合器分离不良,换挡困难,增加油耗。因此,定期维护时要根据车主使用情况对离合器踏板自由行程进行检查和调整。

操作指引

1. 组织方式

（1）场地设施:装有废气抽排系统和消防设施的操作场地。

（2）设备设施:一汽-大众迈腾轿车和举升机。

（3）工具:废机油收集器、机油滤清器套筒、防护五件套、翼子板布、前格栅布、车轮挡块、常用工具（一套）等。

（4）耗材:机油、机油滤清器、抹布等。

2. 操作要求

（1）在操作开始前,检查所有的设备功能并备齐工具。

（2）遵守场地安全规定,注意用电安全。

（3）在操作举升机举升车辆前必须检查举升机的性能是否完好。

（4）在进入客户车辆内部前必须使用防护五件套保护,在发动机舱盖部位操作前必须使用翼子板布和前格栅布保护。

（5）在车辆举升时,要注意检查车辆举升位置、举升后车辆是否稳定和车身是否倾斜。

（6）起动发动机时,正确安装车轮挡块,防止车辆移动。

（7）遵守实训场地的5S管理规定。

任务实施

1. 准备

（1）车辆进入工位前,清理干净工位卫生,排除障碍物,准备好相关工具、物品等。

（2）安装防护五件套（地板垫、座椅套、转向盘套、换挡杆套和制动手柄套）。

（3）将车辆停驻在举升机中央位置,起动自动电子驻车制动且变速器置于空挡,安装车轮挡块。

（4）拉起发动机舱盖释放杆,打开发动机舱盖。

（5）安装翼子板布和前格栅布。

2. 举升汽车

根据作业内容的不同,汽车在维护过程中举升的位置有三个或四个位置,如图1-1所示。

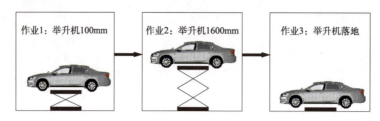

a) 首次维护举升位置

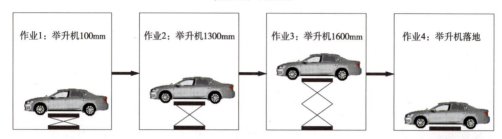

b) 定期维护举升位置

图 1-1　汽车维护时的举升

需要特别注意的是：车辆在举升前及举升过程中，必须注意车辆及举升机的工作状态，一旦发现车辆倾斜、油液泄漏等情况，必须立刻停止举升；车辆举升到适当位置后，一定要确保举升机锁止机构锁止可靠、正常。

汽车维护中的举升位置

3. 汽车维护操作流程

不同品牌的汽车，操作流程会有一些差异。下面以某品牌汽车双人定期快速维护的作业为例，说明汽车维护作业的具体操作流程，见表1-2。

定期维护作业操作流程　　　　　　　　　　　　　　　　表 1-2

技师 A	技师 B
举升位置1	
准备工作： — 准备工具和相应设备，准备备件； — 举升车辆使车轮悬空，离地约 100mm	准备工作： — 接受派工单，把车辆开到工位； — 连接诊断仪
整车目视检查	
A、B 技师配合完成风窗清洗喷水、刮水器、灯光以及雷达的检查	
汽车侧前方： — 检查风窗玻璃清洗喷口和刮水片	驾驶舱内： — 操纵玻璃清洗喷水开关和刮水器开关
汽车前方（参见《灯光检查手势图》）： — 检查前部灯光（包括刮水器、喇叭和后雷达）	— 操纵灯光开关，按响喇叭，操纵刮水器开关
汽车后方： — 检查后部灯光（包括后刮水器和后雷达）	— 变速杆挂倒挡； — 操纵后部灯光开关，操纵后部刮水器开关（若有）
A、B 技师配合完成驻车制动器检查	
四个车轮处： — 检查车轮是否可以自由转动、有无发卡现象	驾驶舱内： — 放下驻车制动操纵杆，确认驻车指示灯（仪表板）是否熄灭

续上表

技师 A	技师 B
－检查驻车制动器是否开始起作用	－拉起 2 个棘齿
－检查驻车制动器是否工作正常	－拉起 4 至 6 个棘齿(检查行程不超过 8 个棘齿)
发动机舱： －检查冷却液,定期更换； －检查动力转向液； －检查制动液液位,含水率检查,定期更换； －检查风窗玻璃清洗液； －检查机油液位； －检查蓄电池状态； 清洁空气滤清器滤芯,定期更换滤芯； －清洁空调滤清器,定期更换； －火花塞更换； －拆卸机油滤(针对机油滤在机舱上部可拆的车型)； －检查机舱内线路、管路；发动机壳体上部外观检查； －检查节气门,必要时清洗 根据车型配置和使用情况进行的操作： －气门间隙检查； －检查附件皮带张力和状况,必要时更换； －正时皮带更换	驾驶舱内、车辆周围： －座舱内部检查(内部灯光、组合仪表照明灯、报警灯、天窗、CD、空调等)； －维护提示器初始化； －检查离合器行程； －自诊断系统检查； －检查座椅调节； －检查儿童锁； －检查车门,润滑车门铰链； －检查安全带； －预拧松轮胎螺栓； －填写作业表单； －更换气囊和预紧式安全带(10 年)
举升位置 2	
操纵举升机,举升车辆,使车轮离地约 1300mm	
车辆右前侧： －拆卸右前轮(放置于工具小车轮胎架上)	车辆左前侧： －拆卸左前轮(放置于工具小车轮胎架上)
－检查右前制动单元(制动块、制动盘、ABA 单元、管路线束等)	－检查左前制动单元(制动块、制动盘、ABS 单元、管路线束等)
－检查右前减振器	－检查左前减振器
－检查右前机构及防尘罩(传动轴、转向球头、转向齿条、变速操纵连接杆球头、横向稳定连接杆球头等)	－检查左前机构及防尘罩(传动轴、转向球头、转向齿条、变速操纵连接杆球头、横向稳定连接杆球头等)
－检查三角臂和连接杆	－检查三角臂和连接杆
－检查右前轮胎	－检查左前轮胎
－安装右前轮并预拧紧轮胎螺栓	－安装左前轮并预拧紧轮胎螺栓
车辆右后侧： －拆卸右后轮(放置于工具小车轮胎架上)	车辆左后侧： －拆卸左后轮(放置于工具小车轮胎架上)
－检查右后制动单元(盘式或鼓式,操作参见各自工艺)	－检查左后制动单元(盘式或鼓式,操作参见各自工艺)
－检查右后减振器	－检查左后减振器
－检查手制动拉线	－检查手制动拉线

续上表

技师 A	技师 B
—检查右后机构及防尘罩	—检查左后机构及防尘罩
—检查三角臂和连接杆(若有)	—检查三角臂和连接杆(若有)
—检查右后轮胎	—检查左后轮胎
—安装右后轮并预拧紧轮胎螺栓	—安装左后轮并预拧紧轮胎螺栓
填写工单,整理维修资料	
举升位置 3	
操纵举升机,举升车辆,使车轮离地约 1600mm	
车辆底部前方: —拆卸发动机下护板	车辆底部后方: —检查排气管
—排空机油	车辆底部液压回路、管道检查: —油管(接头、固定、走向); —制动管(接头、固定、走向); —空调管(接头、固定、走向); —冷却液管(接头、固定、走向); —动力转向管(接头、固定、走向); —制动管路(走向、接头)
—更换机油滤清器或滤芯(针对机油滤清器在车身底部拆卸车型)	**汽油滤清器更换(根据需要)
—检查发动机和变速器壳体状况和密封性; **更换手动变速器油,更换自动变速器油; —车辆底部液压回路、管道检查; —传动轴、球头(包括变速操作连接杆)、转向机构防尘套密封和状况; —安装下护板	—车辆底部紧固检查
填写工单整理维修资料	
举升位置 4	
操纵举升机,使车辆落地	
发动机舱: —更换机油滤清器或滤芯(针对机滤可在机舱上部更换的车型); —加注机油; —确认机油液位; —发动机机舱清洁	车轮周围: —按规定的力矩拧紧车轮螺栓并安装装饰盖; —检查气门嘴是否居中、破损、漏气; —检测轮胎气压,对压力不足的轮胎加气或压力过高的轮胎放气 车辆后部: —拆下备胎,检查备胎
车辆后部: —急速尾气排放测试	驾驶舱内: —起动发动机,控制节气门
路试(操作前,必须先踩几脚制动,确认制动有效)	
1.填写工单整理维修资料;2.交由质检员质检;3.清点工具,工位清洁,小车归位	

注:**表示根据汽车的配置不同而采取的维护作业项目。

4. 汽车外部检查

汽车外部检查主要检查灯光、喇叭、刮水器、倒车雷达或倒车影像等装置是否正常,一般需要两位维修技师相互配合,即一位技师在车外通过手势指引检查项目,另一位技师在车内操作相应的功能开关,其常用的检查手势见表1-3。

汽车外部检查

汽车外部检查手势　　　　　　　　　　　表1-3

说明内容	示例图片	前　部	尾　部
伸出双手,两手握拳		做好准备	做好准备
伸出两手的小指		小灯检查	小灯检查 (牌照灯检查)
竖起两手的大拇指		前照灯近光检查	制动灯检查 (踩2~3次制动踏板)
竖起两手的大拇指并指向操作者后方		前照灯远光检查	倒车灯
大拇指指向驾驶席一方		驾驶席侧转向灯检查	驾驶席侧转向灯检查
大拇指指向助手席一方		助手席侧转向灯检查	助手席侧转向灯检查
双手的大拇指朝外		危险警告灯检查	危险警告灯检查
竖起两手的大拇指,并朝下		雾灯检查	雾灯检查

续上表

说明内容	示例图片	前部	尾部
双手掌并行掌心向外,左右摆动数次		前刮水器检查	后刮水器检查（若有）
双拳并举,拇指伸展后叩向食指2~3次		喇叭	—
弯腰单手在雷达有效区扫动数次		雷达(若有)	雷达
检查完毕,双臂平举,双手握拳		检查完毕	检查完毕

汽车定期维护具体的作业项目以及常用检测维护设备的使用,将在后续的任务中,结合具体任务实施逐一进行说明。

 任务小结

（1）根据《汽车维护、检测、诊断技术规范》（GB/T 18344—2016），汽车维护分为日常维护、一级维护和二级维护三类。

（2）日常维护是以清洁、紧固和安全检视为作业的中心内容,由驾驶员负责执行的车辆维护作业。日常维护一般应在出车前、行车中和收车后进行。

（3）一级维护除日常维护作业外,以清洁、润滑、紧固为作业中心内容,并检查有关制动、操纵等安全部件,由汽车维修企业负责进行的车辆维护作业。

（4）二级维护除一级维护作业外,以检查、调整制动系统、转向操纵系统、悬架等安全部件,并拆检轮胎,进行轮胎换位,检查和调整发动机工作状态和汽车排放相关系统为主的维护作业。车辆维修手册中有特殊维护要求的系统、总成和装置（如免维护蓄电池、免维护轮毂等）,其维修项目执行车辆维修资料规定。

（5）汽车一级、二级维护周期的确定,应以汽车行驶里程为基本依据,依据车辆生产厂家的使用说明书的有关规定,参考汽车使用条件的不同来确定。

（6）汽车的维护作业一般包括灯光检查、功能部件检查、发动机相关维护、变速器相关维护、制动系统相关维护、其他系统相关维护等内容。

（7）汽车维护作业需要遵守车间安全操作注意事项和5S操作规范。

学习任务二　汽车润滑油的检查与更换

 任务概述

　　汽车在正常行驶时,相对运动零件的摩擦表面需要均匀覆盖一层清洁的油膜,以减小摩擦阻力,减轻机件磨损,降低功率消耗和动力损失。如果汽车润滑油已达到规定使用里程或时间,变脏或变质,其作用将会降低或丧失。如果发动机润滑油变质,将加剧机件磨损,动力性变差,缩短发动机使用寿命;如果变速器油液变质或缺失,将会造成机件磨损,换挡有冲击或换挡响应不及时。

　　因此,汽车润滑油对于确保汽车正常运行,保证其主要总成,如发动机、变速器等各项性能指标处在最佳状态具有重要意义。因此,必须定期对汽车主要总成的润滑油液进行检查和维护,以确保汽车的正常工作。

 主要子任务

1. 发动机润滑油的检查与更换
2. DSG 变速器油的检查与更换

子任务1　发动机润滑油的检查与更换

 **任务描述**

车主欧阳女士起动车辆时发现仪表板上机油报警灯一直亮着,她很担心,于是将她的爱车开到附近的4S店进行检查。

该车是一汽-大众迈腾,行驶里程7204km。经过小王师傅的检查,确认欧阳女士的爱车发动机润滑油出现问题,需要进行更换。

 学习目标

(1)能描述发动机润滑系的功用、组成和结构。
(2)能描述发动机润滑油的种类、规格和特性。
(3)能够对发动机润滑油进行正确检查。
(4)掌握发动机润滑油的更换技术。
(5)能为客户提供汽车发动机正确使用和维护的建议。
(6)具备信息查询和使用手册的基本能力。
(7)能够按照企业5S要求和安全生产规范进行操作。
(8)养成自主学习的习惯、培养规范操作的工作作风及环保意识。
建议学时:6学时。

知识准备

发动机润滑油,简称机油。正确使用机油是保证发动机正常工作的重要前提,正确使用机油不仅可以减少发动机故障,延长发动机寿命,还能降低油耗,减少排放。发动机工作时,相对运动零件的摩擦表面需要覆盖一层均匀清洁的机油油膜,以减小摩擦阻力,减轻机件磨损,降低功率消耗,保证发动机正常工作。如果发动机机油已达到规定使用里程或时间,就会变质或变脏,其作用将会降低,甚至丧失;如果机油滤清器已达到规定使用里程或时间,其滤清能力就会下降,机油中的杂质便会进入润滑部位造成机件磨损。总之,机油和机油滤清器应按规定时间或行驶里程进行更换,否则,将加剧机件磨损,缩短发动机使用寿命。

一、机油的功用

1. 润滑

机油可使发动机内部运动零件表面之间的干摩擦变为液体摩擦,减少零件表面的摩擦、磨损和功率损失。

发动机润滑油主要作用

2. 冷却

机油流经摩擦表面,带走摩擦产生的热量,维持零件正常工作温度。

3. 清洁

通过机油的循环流动冲洗零件表面,带走摩擦副之间磨损产生的磨屑或其他杂质。

4. 密封

利用机油的黏性,使其附着在相互运动零件的表面之间形成油膜,起到密封作用。

5. 防蚀

附着在零件表面的机油避免了零件与水、空气、燃气等的直接接触,起到防止或减轻零件锈蚀和化学腐蚀的作用。

二、润滑系统的组成及油路

润滑系统由油底壳、机油泵、机油滤清器、机油泄压阀、机油报警装置、油道等组成(图2-1)。

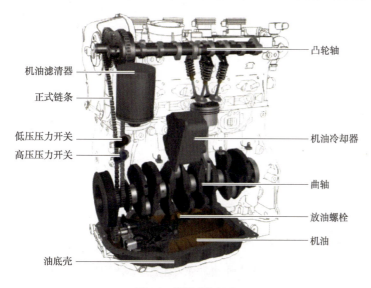

图2-1 润滑系统组成

发动机润滑系统组成

三、润滑系统主要零部件

1. 油底壳

油底壳用来储存机油。在大多数发动机上,油底壳还起到为润滑油散热的作用。在油底壳与发动机缸体之间有油底壳衬垫,在安装油底壳时,需涂抹密封胶。

2. 机油泵

机油泵的作用是提高机油压力,保证其在润滑系统内不断循环。其形式主要有齿轮式机油泵和转子式机油泵两种。

(1)齿轮式机油泵:由主动齿轮、从动齿轮、壳体等组成。其工作原理是依靠齿轮的啮合旋转,分开时产生真空吸油,啮合时产生压力出油。齿轮式机油泵具有结构简单、加工方便、工作可靠、使用寿命长等优点。

(2)转子式机油泵:由内转子、外转子等组成。内、外转子偏心安装,在内转子旋转时,带动外转子旋转,旋转时导致进油腔和出油腔容积发生变化。其工作原理是:转子旋转时,进油腔容积逐渐增大产生真空度,吸入机油,而出油腔容积逐渐减小产生压力,排出机油。转子式机油泵具有结构紧凑、质量小、外形尺寸小、泵油量大、供油均匀度好、成本低等优点。

机油泵工作原理

3. 机油滤清器

机油滤清器简称机滤(图2-2),可过滤掉机油中的杂质、磨屑、油泥和水分等杂物,使送到各润滑部位的都是清洁的机油。

4. 机油泄压阀

机油泄压阀也叫安全阀,用于限制最高机油压力,并让其稳定在一定范围之内。当油压过高时该阀打开,多余的机油便直接流回油底壳,发动机正常机油压力为0.18~0.35MPa。

机油滤清器结构

5. 机油滤清器旁通阀

为了防止机油滤清器堵塞后导致润滑系统缺油使摩擦副之间发生干摩擦,在机油滤清器内设有旁通阀。一旦滤清器发生杂质淤塞,进油与出油道中的压力差达到0.15~0.18MPa时,该阀打开,机油不经滤清器直接进入主油道,保证对各部件的润滑。

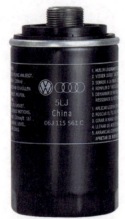

图2-2 机油滤清器

6. 机油压力报警装置

机油压力报警装置由装在仪表板上的机油压力报警灯和装在发动机主油道上的机油压力传感器组成。机油压力报警灯用来显示发动机机油油道中的机油压力状况,当打开钥匙时,车辆开始自检,报警灯点亮(图2-3),起动后自动熄灭;若该报警灯常亮,说明该车发动机机油压力低于规定标准,需要维修。

图 2-3　机油压力报警灯

四、机油的种类、规格和选用

1. 机油的种类

机油主要有矿物机油与合成机油两种。

（1）矿物机油：矿物机油是在原油提炼过程中,分离出有用的轻馏分（如航空油、汽油等）之后,利用残留在分流塔内的塔底油提炼而成的。

（2）合成机油：合成机油是由原油中的瓦斯气或天然气分散出乙烯、丙烯后,再经聚合、催化等繁杂的化学反应炼制而成的。

2. 机油的特性

就油的本质而言,矿物机油是原油中较差的成分,提炼技术再先进也无法将其中的杂质完全清除,而合成机油是原油中较好的成分,加以化学反应并通过人为控制,可以达到预期的分子形态,分子排列整齐,抵抗外界干扰变质的能力强。

所以,合成机油质量较好,在热稳定性、抗氧化反应、抗黏度变化、冷车起动流动性、抗磨损保护性及节省燃油效能方面,都比矿物机油好。

3. 机油的分类

根据考量的侧重点不同,机油有不同的分类标准。常见的有 SAE（美国汽车工程师协会）标准、API（美国石油学会）标准和 ACEA（欧洲汽车制造商协会）标准。

（1）SAE（美国汽车工程师学会）的黏度分类法。

这是衡量机油黏度的标准,又分为单式黏度和复式黏度。黏度指数的含义：字母 W 表示在 20℃时测量到的机油黏度,低黏度机油有利于在较冷的气候下起动发动机。无字母的数值表示 100℃时测量到的机油黏度,SAE 数值越低,机油就越稀。例如：SAE 10W/30 表示该机油在 20℃下符合 SAE 10 润滑机油的标准,在 100℃下符合 SAE 30 润滑机油的标准。机油黏度等级分类见表 2-1。

机油黏度等级分类　　　　　　　　　　表 2-1

黏度等级	在规定温度(℃)下的黏度(MPa·s)不大于	边界泵送温度(℃)不高于	100℃黏度(10^{-6}m²/s)不小于	100℃黏度(10^{-6}m²/s)不大于	黏度等级	在规定温度(℃)下的黏度(MPa·s)不大于	边界泵送温度(℃)不高于	100℃黏度(10^{-6}m²/s)不小于	100℃黏度(10^{-6}m²/s)不大于
0W	-30	3250	-35	3.8	20			5.6	9.3
5W	-25	3500	-30	3.8	30			9.3	12.5
10W	-20	3500	-25	4.1	40			12.5	16.3
15W	-15	3500	-20	5.6	50			16.3	21.3
20W	-20	4500	-15	5.6	60			21.3	26.1
25W	-5	6000	-10	9.3					

①W 组系列——六个级别(0W、5W、10W、15W、20W 和 25W),冬季用;
②非 W 组系列——五个级别(20、30、40、50 和 60),春秋和夏季用;
③多级机油——用双重黏度级别号码标注,如 10W/30、15W/40,可在一定地区内冬夏通用。

需要注意的是 SAE 编制表示的是该种机油在极冷和极热环境下的黏度性,并不代表机油质量的好坏。要知道机油的质量如何,则必须参考 API(美国石油协会)的质量编制。

润滑油型号

(2)API(美国石油学会)的使用条件分类法。

API 是美国石油学会的英文缩写,API 等级代表发动机油质量的等级。它采用简单的代码来描述发动机机油的工作能力。

API 发动机油分为两类:"S"开头系列代表汽油发动机用油,规格有:API SA、SB、SC、SD、SE、SF、SG、SH、SJ、SL、SM。"C"开头系列代表柴油发动机用油,规格有:API CA、CB、CC、CD、CE、CF、CF-2、CF-4、CG-4、CH-4 和 CI-4。从"SA"一直到"SM",每递增一个字母,机油的性能都会优于前一种,机油中会有更多用来保护发动机的添加剂。字母越靠后,质量等级越高,国际品牌中机油级别多是 SF 级别以上的。例如,壳牌非凡喜力(Shell Helix Plus)是 API SM 级,而壳牌红色喜力机油(Shell Helix Red Motor Oil)则是 API SG 级,这说明非凡喜力的质量等级要高于红喜力。同理,从"CA"一直到"CI-4M",每递增一个字母,机油的性能都会优于前一种。

(3)ACEA(欧洲汽车制造商协会)分类标准。

ACEA 是欧洲汽车制造商协会的英文缩写,该协会总部设在比利时的布鲁塞尔。AECA 油品标准是欧洲汽车制造业对于汽车用润滑油的检验认证标准。根据欧洲法律,机油如果没有通过 ACEA 认证,是不允许在欧洲市场上出售的。

ACEA 油品标准以燃油经济性、排放法规和保护发动机三个方面为其战略目标,具体包括抗磨损量能力、抗油泥能力、抗烟灰能力、活塞积碳清净能力、抗氧化能力、燃油经济性、与尾气净化系统匹配能力七个评价指标。一般来说,AECA 标准从技术要求上要高于美国 API 标准。ACEA 标准从 1996 年 1 月起实施,每两年修订汽车润滑油规格一次。在 ACEA 的系统中,以两个字符为一组表示其应用范围。以"A"开头表示针对汽油发动机机油的规范,目前分为A1、A2、A3、A4及A5五个等级;以"B"开头表示针对轻负荷柴油发动机机油的规范,目前分为B1、B2、B3、B4及B5五个等级;以"E"开头表示针对重负荷柴油发动机机油的规范,目前分为E2、E3、E4及E5四个等级。排序越往后,表明机油品质越好。例如:润滑油ACEA A3/B3,表示其油品稳定、几乎持久不变,设计用于高性能汽油发动机及轻型柴油发动机及原厂认定的延长换油里程或长期使用低黏度油,或原厂认可的严苛运转条件。

4. 机油的选择

(1)性能的选用。发动机的机型越新、工作条件越苛刻,使用的性能级别应越高。缺少所需品种时,能以高代低,不能以低代高。

(2)黏度等级的选用。参照《石油产品标准的气温资料》(中央气象局编),按10%风险率的最低气温(℃)正确选用,机油黏度等级与环境温度的关系见表2-2。

机油黏度等级与环境温度的关系　　　　表2-2

环境温度(℃)	-40~-18	-25~0	-20~5	-15~10	15~20	-20~18
适宜的黏度等级	5W	10W	15W	20W	20	5W/20
环境温度(℃)	-20~35	-20~28	-20~20	-15~35	0~30	5~40
适宜的黏度等级	10W/40	10W/30	10W/20	15W/40	30	40
环境温度(℃)	10~50	-35~35	-35~28	-15~35	-5~35	
适宜的黏度等级	50	5W/40	5W/30	20W/20	20W/40	

5. 机油的性能要求

通常机油应该具备以下几点性能。

(1)有适当的黏度。发动机的工作压力很高,主轴承、连杆轴承等部位要承受很高的负荷。若机油不能在运动部位形成一定厚度的油膜,发动机磨损就会增大。黏度过低会使汽缸密封不严,机油油耗增大;黏度过大会使摩擦阻力增大,造成燃油油耗增大,冷起动困难。

(2)有良好的黏温特性。黏温特性是指润滑油黏度随温度升高而减小、随温度降低而增大的性质。黏度随温度变化越小,机油的黏温特性就越好,对使用越有利。

(3)有较低的凝点。若机油的凝点高,冬季气温较低时机油流动困难,甚至会凝固,轻则造成发动机暖机时间长,重则导致发动机无法起动。

(4)有良好的抗氧化性。抗氧化性是指机油抵抗氧化的能力。以汽油机为例,活塞头环处温度约为205℃,活塞裙部约为110℃,主轴承处约为85℃,机油在这样的高温下极易氧化。此外,汽缸窜气也会加剧机油的氧化。

(5)有良好的清净分散性。清净分散性是指机油能够防止形成积炭、漆膜和油泥的能力。清净分散性是机油的特殊性质,只有清净分散性好的机油才能有效防止积炭、漆膜和油泥的生成。

6. 更换机油周期的确定

使用里程或时间的长短是影响润滑油是否老化变质的基本因素。在一般地区,正常使用情况下,通常小轿车采用SAE5W/30级机油,更换里程5000km或六个月,如果是非正常使用条件下使用车辆(如营运车辆、竞赛车辆、经常短距离行驶车辆等),更换机油的周期应缩短。具体车型选用的机油型号和换油周期按照厂家的车辆用户手册为准进行确定。

操作指引

1. 组织方式

(1)场地设施：装有废气抽排系统和消防设施的场地。

(2)设备设施：一汽 - 大众迈腾轿车和举升机。

(3)工具：诊断仪VAS505X、废机油收集器、机油滤清器套筒、防护五件套、翼子板布、前格栅布、车轮挡块、常用工具(一套)、防护用品等。

(4)耗材：机油、机油滤清器、抹布等。

2. 操作要求

(1)在操作开始前，检查所有的设备并备齐工具。

(2)遵守场地安全规定，注意用电安全。

(3)在操作举升机举升车辆前必须检查举升机的性能是否完好。

(4)在进入客户车辆内部前必须使用防护五件套保护，在发动机舱盖部位操作前必须使用翼子板布和前格栅布保护。

(5)在车辆举升时，要注意检查车辆举升位置、举升后车辆是否稳定和车身是否倾斜。

(6)起动发动机时，正确安装车轮挡块，防止车辆移动。

(7)注意在实训操作指导中提到的一些细节的相关提示。

任务实施

1. 准备

(1)车辆进入工位前，清理干净工位卫生，排除障碍物，准备好相关工具、物品等。

(2)安装防护五件套(地板垫、座椅套、转向盘套、换挡杆套和制动手柄套)。

(3)将车辆停驻在举升机中央位置，施加电子驻车制动且变速器置于空挡，安装车轮挡块。

(4)拉起发动机舱盖释放杆，打开发动机舱盖。

(5)安装翼子板布和前格栅布。

(6)安装并启动废气抽排系统。

2. 机油的检查

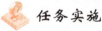

(1)打开点火开关，起动发动机并保持怠速运转3~5min。其间注意观察冷却液温度表指示数值的变化，当冷却液温度达到60~70℃时，关闭点火开关，停止发动机运转。

注意：将发动机预热，提高发动机的温度，使机油黏度变小，有利于发动机内的机油排放彻底；起动发动机时，要提醒汽车周围的人员，注意安全。

(2)脱开发动机罩盖，并向上拆下。

(3)用棉纱擦净机油加注盖周围的油渍、尘土等，并旋下机油加注盖。旋下机油加注盖之前，要清除周围的脏污，防止掉入发动机的内部，加剧磨损。

(4)拔出机油尺，用干净的抹布擦净机油尺上的机油。

(5)再次插入机油尺推到底,重新拔出后读出机油油位,看油位是否在机油尺的上限和下限之间。

(6)检查完机油油位后,对机油油质进行检查。观察其透明度,色泽通透略带杂质说明还可以继续使用;若色泽发黑,闻起来带有酸味,说明机油已经变质,就该更换机油了。也可采用检查机油黏稠度的方法判断其是否变质:沾一点机油在手上,用两根手指捏住机油检查其是否还具有黏性,如果机油在手指中像水一样没有一点黏性,说明机油已达到使用极限必须更换,以确保发动机的正常运作。

(7)检查气门罩垫、加油口、曲轴前油封等处是否存在漏油现象。

3. 机油的添加

用棉纱擦净机油加注盖周围的油渍、尘土等,并旋下机油加注盖。如图2-4所示,在当前的机油尺上:

(1)A——不得添加机油;

(2)B——可添加机油,此时机油油位在添加后可能位于A区;

(3)C——必须添加机油,添加后机油油位在B区就可以了(波纹区)。

机油油位位于A标记之上,可能会有损尾气催化净化器的危险,还会导致机油激溅,发动机运转阻力增大,机械效率降低;机油油位位于C标记下,机油不足,发动机润滑等性能下降,机件磨损加剧,必须添加。

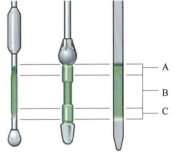

图2-4 机油标尺刻度

4. 机油的更换

(1)将车辆开至举升机工位,打开发动机舱盖,更换机油滤清器。用机油滤清器扳手3417和扭力扳手V.A.G1331旋松机油滤清器。等待几分钟,以使发动机机油流回发动机,接着拧下机油滤清器。

注意:切勿将机油滴到附件皮带或交流发电机上。

检查与更换发动机润滑油

(2)安装机油滤清器前先清理密封面,用机油略微润滑新滤清器的橡胶密封件。从而确保在拧紧滤清器时能达到最佳密封效果。机油滤清器拧紧力矩22N·m。

(3)举升前要确保支撑点正确,举升时,当车辆离开地面时要检查车辆支撑可靠,车辆无倾斜后方可将车辆举升到目标高度,下降举升机,确保机械锁止后,方可进入车下作业。

(4)拆卸发动机下护板。发动机下护板较沉重,拆卸过程中一定要注意安全;车下作业时,应采取人身安全防护措施,如佩戴防护帽、防护手套、防护服等。

(5)将废机油收集器V.A.G1782置于发动机油底壳放油螺栓的正下方,使用扭力扳手V.A.G1331和19mm梅花套筒拧松放油螺栓,然后用手缓缓旋出放油螺栓,让机油流入废机油收集器内。旋出时要稍用力向上推放油螺栓,确定螺纹已全部旋出后,急速移开放油螺栓,否则,机油会流到手上或衣服上。

(6)更换放油螺栓3以及密封垫圈2(图2-5),并用手拧紧。用手旋入放油螺栓,可以保证对正螺纹。严禁使用工具旋入,因为螺纹一旦歪斜,便会造成损坏。

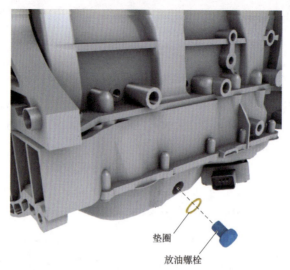

图2-5 更换放油螺栓和垫圈

(7)使用扭力扳手 V. A. G1331 和 19mm 梅花套筒拧紧放油螺栓,拧紧力矩 30N·m。

(8)用棉纱擦净放油螺栓和油底壳上的油迹。

(9)操作举升机,将车辆平稳降落到地面上。

(10)选择车辆规定的机油,旋下机油桶盖,然后一手握住桶上的手柄,一手托住桶的底部,对正发动机的加油口,稍稍倾斜机油桶,缓缓将机油倒入发动机内(图2-6)。

图2-6 加注机油

(11)加注完毕后旋紧加注盖,起动发动机并保持运转 3~5min,关闭点火开关。拔出机油尺,擦净刻度处机油,再次插入后拔出检查油面高度,应位于上下刻度线中间偏上的位置,为正常;偏下,则添加适量机油;高于上刻度线,应放出适量机油。

机油加注后,使发动机运转一段时间,主要目的是填充润滑系统中的储油空间,便于确定油底壳中的实际存油量。

(12)操作举升机将车辆举升到目标高度,可靠停驻。检查放油螺栓处是否漏油,如有泄漏,立即修复。

(13)安装发动机下部护板。

5. 整理工位

收回翼子板布和前格栅布,关闭发动机舱盖;关闭并拆下废气抽排系统;收回防护五件套,清洁车辆、清洁地面卫生,处理废弃物。

6. 废机油的环保处理

废机油放入收集桶中后,要抽出储存在专门的容器中,然后由经政府有关部门批准的回收者回收。

用过的机油滤清器至少要滴沥24h,然后破碎并回收。沾油抹布或棉纱等应放在规定容器内。

 任务小结

(1)发动机润滑油和机油滤清器应按规定时间或行驶里程更换,否则,将加剧机件磨损,缩短发动机使用寿命。

(2)更换发动机润滑油,将发动机预热,提高发动机的温度,使机油黏度变小,有利于发动机内的机油排放彻底;起动发动机时,要提醒汽车周围的人员,注意安全。

(3)检查机油油位时,车辆要放在水平路面上,打开点火开关,起动发动机并保持怠速运转3~5min。其间注意观察冷却液温度表指示数值的变化,当冷却液温度达到60~70℃时,关闭点火开关,停止发动机运转。至少等候5min,以使机油充分回流到油底壳中再进行检查。

(4)机油不能加注过多,否则可能会有损坏尾气催化净化装置的危险,还会导致机油激溅,发动机运转阻力增大,机械效率降低;机油也不能加注过少,机油不足,发动机润滑等性能下降,机件磨损加剧。

子任务2 DSG变速器油的检查与更换

 **任务描述**

李先生最近发现他的爱车在换挡时有些异响,因此今天开车到4S店进行检查。

该车是一款1.8TSI的迈腾轿车,配备6速湿式DSG变速器,行驶里程63000km。经维修技师检查发现,变速器底部有漏油现象,而且变速器油已到更换周期,决定更换变速器油。

学习目标

(1)能描述DSG变速器的分类和对应油品型号。
(2)能正确选择DSG变速器油液。
(3)能熟练更换DSG变速器油液。
(4)能为客户提供DSG变速器日常正确使用和维护的建议。
(5)能熟练查询维修手册。
(6)能够按照企业5S要求和安全生产规范进行操作。
(7)能与同学密切合作,规范安全地完成学习活动。
(8)养成自主学习的习惯、培养操作规范的工作作风及环保意识。
建议学时:6学时。

知识准备

DSG变速器号称是目前世界上最先进的、具有革命性的变速器系统,大众汽车公司在德国沃尔夫斯堡首次向世界展示了这一技术创新。2003年,经过大众汽车工程师们的多年努力研发,历经了无数次试验及数百万公里的路试,大众汽车率先成功推出了6挡双离合变速器,并成为第一家将DSG双离合变速器装备于量产轿车的汽车制造商,从这一刻开始,大众的双离合变速器有了自己的名字——DSG。

DSG(Direct Shift Gearbox)中文表面意思为"直接换挡变速器",DSG有别于一般的半自动变速器系统,它是基于手动变速器而不是自动变速器。DSG变速器又称双离合变速器(Double Clutch Transmission,简称DCT),它特殊的地方在于它比别的变速器换挡更快,传递的扭矩更大而且效率更高。DSG有两种形式,即湿式双离合变速器和干式双离合变速器。干式双离合器结构简单,因而更经济,相对结构稍复杂的湿式双离合变速器而言,故障率较高,而湿式双离合变速器则显得动力更为强劲。

一、DSG变速器油的作用

DSG变速器中的变速器油起到润滑和冷却变速器中的齿轮、轴、轴承、同步器的作用。同时变速器油还执行许多任务,能满足非常高的要求。DSG变速器油将差速器中的金属微粒传送至齿轮油滤清器中,此齿轮油确保齿侧面的润滑膜不会被撕裂;同时,DSG变速器油也向齿轮驱动装置提供必要的压力,使得它们能正常进行工作;此外在换挡过程中,它封闭柱形阀并且有助于同步环的工作。DSG变速器油存储并传送热量,且降低噪声。

二、干式双离合变速器的维护

干式双离合变速器即7速DSG变速器,代号0AM。因为它的"双离合器"不是像6挡DSG那样安装于封闭油腔里,所以,被称为干式双离合器。干式双离合器结构简单,但是干式离合器自身结构的固有特性使它能够承受的最大转矩比湿式离合器要低,可匹配最大转矩250N·m的"较小"的发动机。由于生产成本更低,生产者认为,干式是较湿式,更为"先进",其双离合器由3个尺寸相近的离合器片同轴相叠安装组成,位于两侧的2个离合器片分别连接1、3、5、7挡和2、4、6挡以及倒挡齿轮,中间盘在其间移动,分别与2个离合器片结合或分离,通过切换来进行换挡。

0AM变速器有两条变速器油管路。一条油道用于齿轮和轴,里面加注的是齿轮油G 052 171,加注量为1.7L;另一条油道用于双离合器变速器的机械电子单元J743,里面加注的是液压油G 004 000,加注量为1L。

1. 0AM变速器油的加注量

齿轮油一经加注即可长期使用。0AM变速器中齿轮油的标准加注量为1.7L,不允许多加或少加,否则会破坏变速器的正常功能。因为排放变速器齿轮油时,变速器内部会有残余齿轮油,所以在加注齿轮油时分为以下两种情况。

(1)如果变速器没有泄漏齿轮油的情况,在排放齿轮油时,用量杯测量排放的齿轮油的量,按排放量来确定齿轮油的加注量。

(2)如果变速器有泄漏齿轮油的情况,应当首先检查漏油的原因,并排除漏油故障,然后排放齿轮油。齿轮油的加注量为1.5L。

2. 0AM变速器油的排放和加注

(1)用扳手拧下变速器放油螺塞(图2-7),变速器油的排放时间不少于10min,排放齿轮油并进行正确的回收处理。

(2)拔下变速器通气口的通气帽,通过变速器通气口加注齿轮油(图2-8)。

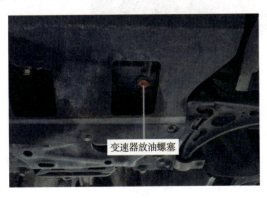

图2-7 变速器放油螺塞

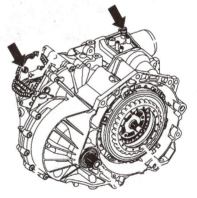

图2-8 变速器通气口

三、湿式双离合变速器的维护

湿式双离合变速器即6速DSG变速器,代号02E。其双离合器为一大一小2组同轴安装在一起的多片式离合器,分别连接1、3、5挡以及倒挡和2、4、6挡齿轮。湿式是指双离合器安装于一个充满液压油的封闭油腔里。这种湿式结构具有更好的调节能力和优异的热容性,因此能够传递比较大的转矩。6挡DSG可匹配最大转矩350N·m的发动机。在我国市场,迈腾 2.0TSI、帕萨特 2.0TSI 两款国产车型以及大众汽车 CC、R36、EOS、Scirocco、迈腾 3.2FSI 等大众汽车进口车型都装备了 6 挡 DSG。

1. 02E 变速器油的加注量

变速器中齿轮油的出厂加注量为 7.2L,售后加注量为 5.5L。要发挥它的性能,如果发生下列情况,必须更换变速器中的齿轮油和齿轮油滤清器。

(1)达到了 60000km 维护服务期限时。

(2)冷却液已进入齿轮油中。

(3)发现齿轮油中有金属微粒。

(4)离合器烧坏或存在机械故障。

2. 变速器油排放和放油螺塞

通过放油螺塞来排放和检查油位(图 2-9)。放油螺塞孔内有一根塑料溢流管(用 8mm 内六角扳手拆卸和安装,拧紧力矩:3N·m)。它的长度决定变速器中齿轮油的油位。

图 2-9 变速器放油螺塞

操作指引

1. 组织方式

(1)场地设施:装有废气抽排系统和消防设施的场地。

(2)设备设施:一汽—大众迈腾轿车和举升机。

(3)工具:诊断仪 VAS505X、变速器油回收器、VAS6262、防护五件套、翼子板布、前格栅布、车轮挡块、常用工具(一套)、防护用品等。

(4)耗材:02E 变速器油、DSG 变速器油滤清器、抹布等。

2. 操作要求

(1)在操作开始前,检查所有的设备并备齐工具。

(2)遵守场地安全规定,注意用电安全。

(3)在操作举升机举升车辆前必须检查举升机的性能完好。

(4)在进入客户车辆内部前必须使用防护五件套保护,在发动机舱盖部位操作前必须使用翼子板布和前格栅布保护。

(5)在车辆举升时,要注意检查车辆举升位置、举升后车辆是否举升可靠和车身是否倾斜。

(6)正确安装车轮挡块,防止车辆移动。

(7)注意在实训操作指导中提到的一些细节的相关提示。

任务实施

1. 准备

(1)车辆进入工位前,清理干净工位卫生,排除障碍物,准备好相关工具、物品等。

(2)安装防护五件套(地板垫、座椅套、转向盘套、换挡杆套和制动手柄套)。

(3)将车辆停驻在举升机中央位置,拉紧驻车制动器或变速器置于空挡,安装车轮挡块。

(4)拉起发动机舱盖释放杆,打开发动机舱盖。

(5)安装翼子板布和前格栅布。

(6)安装并启动废气抽排系统。

2. 齿轮油的液位检查

(1)如果没有造成齿轮油泄漏,不用检查齿轮油油位。

(2)首先通过诊断仪 VAS505X 读取齿轮油的温度,如果高于 50°C,则让变速器冷却。在发动机停止工作的状态下,旋出溢流管并排出齿轮油。然后重新安装溢流管并加注齿轮油。起动发动机并运转一会儿后关闭发动机,旋出放油螺塞,排放多余的齿轮油,直至齿轮油油位与溢流管平齐。

3. 拆卸和安装齿轮油滤清器

(1)将发动机熄火,不要起动发动机,将接油机 V.A.G1782 放到变速器下面。

(2)通过旋转约 7 圈松开滤清器壳体,等待 10s,使滤清器壳体内的油流回变速器。

(3)取下滤清器壳体。

(4)向下插入带凸肩的新滤清器(图 2-10),用 20N·m 的力矩拧紧罩壳。

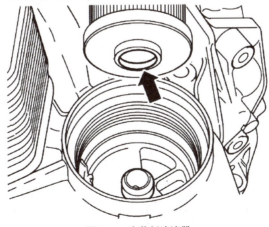

图 2-10　安装新滤清器

4. 齿轮油的排放与加注

(1) 关闭发动机。

(2) 操作举升机举升汽车,使汽车处于水平位置。

(3) 必要时,拆卸隔音底板。

(4) 将旧油收集和抽吸装置 V.A.G1782 放置在变速器下。

(5) 更换新的滤清器。

(6) 拆卸摆动支承附近的检查螺塞,拧下箭头处的放油螺塞及放油孔内的溢流管(图 2-11),溢流管的长度决定了变速器油的液面高度,约 5L 左右的变速器油可以被放出,以 3N·m 力矩将溢流管拧回放油孔。

(7) 用手拧入 VAS 6262 的适配接头 A(图 2-12)到检查孔中。

(8) 在打开前请晃动油罐,加注 5.5L DSG 油,更换油瓶时可以关闭阀门或将变速器油加注适配接头 VAS 6262 的高度保持得比变速器高。

(9) 接上 VAS505X,阅读变速器油温。

(10) 起动发动机,踩下制动踏板,试挂所有挡位,每个挡位停留 3s,将换挡杆置入 P 挡,当变速器油温达到 35~45℃时,拆下 VAS6262 的快速接头,让多余的变速器油流出,当变速器油开始滴出时,拧下 VAS6262 接头,拧上放油螺栓,注意更换新的密封垫拧紧放油螺栓,拧紧力矩 45N·m。

(11) 关闭发动机。

(12) 安装隔音底板。

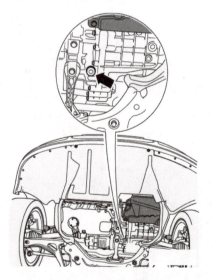

图 2-11 变速器放油螺塞

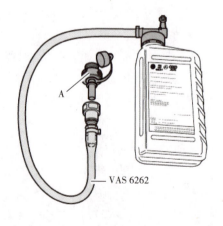

图 2-12 VAS 6262

5. DSG 油更换维护要点

(1) 首先彻底清洁连接点及其周围区域,然后旋出螺栓;在进行变速器维修过程中需要尽可能地保持准确和清洁,并使用合适的工具。

（2）如果变速器盖板的螺栓已被拆下或变速器中没有变速器油，则不允许起动发动机，不允许牵引车辆。

（3）将拆下的零件放置在干净的地方。建议使用塑料薄膜和纸张覆盖零件，防止它们被污染。不要使用带纤维的抹布！

（4）不允许在齿轮油和液压油中加注"添加剂"；不允许将排放的变速器油重新加入变速器中。

（5）如果变速器上有齿轮油，应首先检查齿轮油是从变速器上哪个地方漏出的，先排除漏油故障；之后，才能将新的齿轮油加注至正确的油位。

6. 整理工位

收回翼子板布和前格栅布，关闭发动机舱盖；关闭并拆下废气抽排系统；收回防护五件套，清洁车辆、清洁地面卫生，处理废弃物。

7. 废油液的环保处理

废油液放入收集桶中后，要抽出储存在专门的容器中，然后由经政府有关部门批准的回收者回收。

任务小结

（1）0AM变速器齿轮油一经加注即可长期使用，无意外情况不必更换。

（2）02E变速器齿轮油达到了60000km维护服务期限时，必须更换。

（3）不得将排出的变速器齿轮油再次加回去。

（4）首先通过诊断仪VAS505X读取齿轮油的温度，如果高于50℃，则让变速器冷却。在发动机停止工作的状态下，旋出溢流管并排出齿轮油，然后重新安装溢流管并加注齿轮油。起动发动机并运转一会儿后关闭发动机，旋出放油螺塞，排放多余的齿轮油，直至齿轮油油位与溢流管平齐。

（5）液压油和齿轮油都不可以加多或少加，否则可能会导致功能性故障。

学习任务三　汽车工作液的检查与更换

 任务概述

汽车上的工作液主要有冷却液、制动液、助力转向液和玻璃清洗液等,这些工作液分布在相关系统中能够保证汽车的正常运行。随着汽车行驶里程的增加,这些工作液会产生氧化、变质或消耗,因此需要定期进行检查或更换。

以制动液为例,制动液是液压制动系统的工作液体,制动液本身是一种很稳定的压力油,化学品和高温都不易令它变质,但它有一个缺点就是会吸收空气中的水分,而液压制动系统必须与大气相通才能正常运作,因此随着行驶里程和时间的增加,制动液会吸收外界空气中的水分,从而导致制动液的沸点大幅度降低,在长时间制动时会由于发热而产生"气阻",对行车安全产生隐患。因此,大多数汽车厂家要求定期检查制动液的含水率,当含水率超标时则要求更换制动液。例如:东风标致汽车要求每行驶一年或15000km时,检查制动液的含水率;每行驶二年或3万km时,必须更换制动液。可见,定期对汽车上的工作液进行检查,是确保汽车运行安全和运行效率的基础。

 主要子任务

1. 冷却液的检查与更换
2. 制动液的检查与更换

汽车工作液的检查与更换 **学习任务三**

子任务1　冷却液的检查与更换

 **任务描述**

防冻液是发动机重要的"水脉"

　　车主陈先生开车到市区办事,在等红绿灯过程中发现冷却液温度报警灯亮起。陈先生立即将车靠边,并在树荫下停下,经检查冷却液位正常,休息一段时间后冷却液温度报警灯熄灭。继续行驶很快又出现类似现象,遂打电话到维修站求助。

　　陈先生所驾车辆为一汽—大众迈腾轿车,行驶里程10600km,平时车主由于工作忙,长时间在多个小修理店进行维护修理,也曾多次自行添加纯净水以补充冷却液。

 学习目标

(1)能描述冷却液的作用和分类。
(2)能描述冷却液温度/液位指示灯的作用。
(3)会检查冷却液液位并使用折射计检测冰点。
(4)能检测冷却液系统的密封性。
(5)能更换冷却液。
(6)能为客户提供汽车冷却液日常正确使用和维护的建议。
(7)能进行信息查询和使用维修手册。
(8)能按照企业5S要求和安全生产规范进行操作。
(9)能与同学密切合作,规范安全地完成学习活动。
建议学时:6学时。

知识准备

冷却系统的作用是使发动机得到适度的冷却，并保持其在最适宜的温度范围内工作。强制循环式水冷却系统由散热器、水泵、风扇、膨胀水箱、节温器、传感器等组成。

一、冷却液的作用

冷却液具有冷却、防腐蚀、防垢和防冻四大功能，是发动机正常运转不可缺少的散热介质。

1. 冷却功能

冷却液是保证水冷式发动机正常工作必不可少的工作介质。发动机工作时，冷却液作为工作物质在冷却水道内循环流动，对高温条件下工作的部件进行适当冷却，避免其因温度过高导致损坏。同时，冷却液在水道内的循环流动，能够使发动机温度保持均匀一致。

2. 防冻功能

冷却液是为了防止汽车在冬季停车后，由于温度过低冷却液结冰而造成散热器、发动机缸体胀裂，所以要求冷却液的冰点应在低于该地区最低温度的基础上再低10℃左右，以备天气突变。

3. 防腐蚀功能

冷却液即具有防止金属部件腐蚀、防止橡胶件老化的作用。

4. 防垢功能

冷却液在循环中应尽可能少地减少水垢的产生，以免堵塞循环管道，影响冷却系统的散热功能。

5. 提高沸点

符合国家标准的冷却液，沸点通常都是超过105℃，比起水的沸点100℃，冷却液能耐受更高的温度而不沸腾，在一定程度上满足了高负荷发动机的散热冷却要求。

冷却液的作用

二、冷却液的分类

冷却液由水、防冻剂、添加剂三部分组成。按防冻剂成分不同，冷却液可分为酒精型、甘油型、乙二醇型等。

1. 酒精型冷却液

酒精型冷却液是用乙醇作防冻剂，价格便宜，流动性好，配制工艺简单，但沸点较低、挥发损失、冰点易升高、易燃等，现已逐渐被淘汰。

2. 甘油型冷却液

甘油型冷却液沸点高、挥发性小、不易着火、无毒、腐蚀性小，但降低冰点效果不佳、成本高、价格昂贵，用户难以接受，只有少数北欧国家仍在使用。

3. 乙二醇型冷却液

乙二醇型冷却液是用乙二醇作防冻剂,并添加少量抗泡沫、防腐蚀等综合添加剂配制而成。由于乙二醇易溶于水,可以任意配成各种冰点的冷却液,其最低冰点可达 -68℃,这种冷却液具有沸点高、泡沫倾向低、黏温性能好、防腐和防垢等特点,是一种较为理想的冷却液,目前国内外发动机所使用的和市场上所出售的冷却液几乎都是乙二醇型冷却液。

我国汽车发动机冷却液现行标准是 SH 0521—1999《汽车及轻负荷发动机用乙二醇型冷却液》。冷却液按冰点分为 -25 号、-30 号、-35 号、-40 号、-45 号和 -50 号六个牌号。选用发动机冷却液时,冷却液的冰点要低于环境温度最低温度10℃左右,南方地区一般选用 -25 号或 -30 号既可,北方则需要选用 -45 号或 -50 号的冷却液,冷却液混合比例见表3-1。

冷却液混合比例　　　　　　表3-1

防冻温度至(℃)	冷却液比例(%)	水比例(%)
-35	约50	约50
-50	约60	约40

三、冷却液温度/液位指示灯

打开点火开关时,冷却液温度/液位指示灯会亮几秒钟并进行功能检查。在行驶中如果这个警告灯常亮或闪烁,同时警告音响起,可能是冷却液温度过高或冷却液液面过低。有些汽车除了冷却液温度报警灯之外,还设有指针式冷却液温度表指示冷却液的温度范围。

该警告灯亮时应立即关闭发动机,检查冷却液液面,必要时补充冷却液。

当看见蒸汽或冷却液从发动机舱里面溢出时,绝不能立刻打开发动机舱盖,存在烫伤危险!一直等到蒸汽或冷却液不再从发动机舱里面溢出来时,才能打开发动机舱盖。为了防止被高温的冷却液烫伤,在打开冷却系统加注口盖时一定要注意安全,当发动机处于热机状态,冷却系统内有高压,因此在打开冷却系统加注口盖之前,要充分冷却发动机。同时,为了保护面部、手和胳膊,应该在打开时用一块大的厚布盖在冷却液加注口的盖子上,以防止被蒸汽或热的液体烫伤。

四、冷却液的检查与更换要点

(1)检查冷却液液位时发动机应处于冷态。

冷却液液位应位于"max"和"min"之间(图3-1),当液位低于"min"时,需先旋开冷却液罐上的蓝色盖子,加注同型号的专用冷却液。

(2)更换冷却液时,要等发动机充分冷却下来,防止被高温的冷却液烫伤。

(3)使用折射计 T10007A 检测冷却液冰点数值。折射计刻度1针对冷却液添加剂 G12++。刻度2针对的是冷却液添加剂 G13(图3-2)。北方地区必须保证冷却液的冰点不高于 -25℃,个别地区要求达到 -35℃。

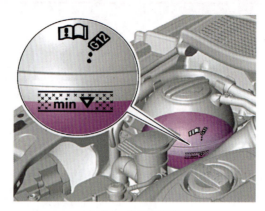

图 3-1 冷却液液位

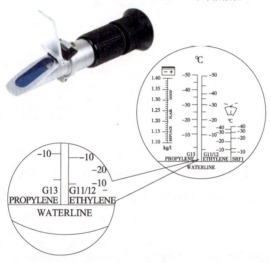

图 3-2 折射计 T10007

折射计的使用

(4) 如出于天气等原因需要更强的防冻能力,可提高 G12++ 的比例。但如果 G12++ 的比例超过 60%(防冻能力: -40℃),其防冻能力又会减弱并会降低发动机的冷却效果。

(5) 如果出现不明原因的液体损失,须查明原因并且排除故障。

(6) 冷却液添加剂 G12++ 使发动机具有防冻、防腐、防垢和提高沸点的特性,务必全年加注使用。特别是热带地区,冷却液的沸点升高有助于发动机高负荷运行的安全性。即使在温和的季节和地区,也不得用添加水的办法来降低冷却液的浓度。冷却液 G12++ 与水比例不得少于 40%。

 操作指引

1. 组织方式

(1) 场地设施:装有废气抽排系统和消防设施的场地。

(2) 设备设施:一汽—大众迈腾轿车、举升机和压缩空气装置。

(3) 工量具:折射计 T10007A、冷却系统检测设备的适配接头 V.A.G 1274、冷却系统加注装置 VAS 6096、常用工具(一套)、防护用品等。

(4)耗材：专用冷却液等。

2. 操作要求

(1)更换冷却液时，要等发动机充分冷却下来，防止被高温的冷却液烫伤。
(2)遵守场地安全规定。
(3)正确使用折射计 T10007A 等工量具。
(4)不允许将 G12++ 和其他冷却液添加剂混合。

任务实施

1. 冷却系统密封性检测

(1)打开冷却液膨胀罐盖，将冷却系统检测设备 V.A.G1274 连同冷却系统检测设备的适配接头 V.A.G 1274/8 安装在冷却液膨胀罐上(图3-3)，用检测设备的手动泵产生一个约 0.1MPa 的压力。如果压力下降，请查找泄漏点并将故障排除。

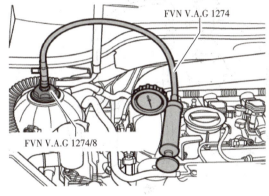

图 3-3　冷却系统密封检测

冷却系统加压检漏

(2)检查膨胀罐盖中的安全阀。将冷却系统检测设备 V.A.G1274 连同冷却系统检测设备的适配接头 V.A.G 1274/9 安装在冷却液膨胀罐盖上(图3-4)，按动手动泵。膨胀罐盖中的安全阀开启正压力为 0.14~0.16MPa。当冷却系统检测设备上的手动泵将压力提高到不超过 0.14MPa 时，安全阀不得开启，如果安全阀一直打开，则更换膨胀罐盖；将压力提高到 0.16MPa 以上时，安全阀必须开启，如果安全阀不打开，则更换膨胀罐盖。

2. 冷却液的排放

打开冷却液膨胀罐盖时，可能喷出蒸汽，因此应用抹布包住盖子慢慢开启。冷却液的排放方法和步骤如下。

(1)打开冷却液膨胀罐盖。
(2)拆下发动机隔音垫的固定螺栓，取下隔音垫。

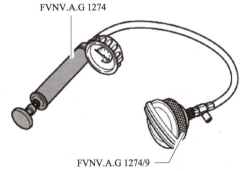

图 3-4　检查膨胀罐盖安全阀

(3)拔下底部冷却液软管卡箍,从散热器上拆下冷却液软管。也可在拆下保险杠及增压空气冷却器前部的导风罩后,在散热器的排放螺塞处排放冷却液,必要时可使用辅助软管。

(4)拔出膨胀罐下部的冷却液软管,然后使其伸向下方,以便排除剩余的冷却液。

3. 冷却液的加注

冷却系统应常年加注专用冷却液。不同型号的冷却液不可混合使用,否则将严重损坏发动机。如果加注失误,应彻底冲洗冷却系统,加入新鲜冷却液。冲洗时加入干净水,发动机运转2~5min,这样可排净旧冷却液。

1)仪器加注

大众汽车可以使用冷却系统加注装置 VAS6096 进行冷却液的加注,具体步骤如下(图3-5)。

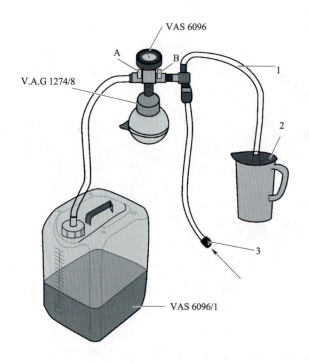

图3-5 冷却液加注装置

(1)将适量的冷却液加注到冷却液罐 VAS 6096/1 中。

(2)将冷却系统检测设备的适配接头 VAG 1274/8 拧装在冷却液补偿罐上。

(3)将冷却系统加注装置 VAS6096 安装在适配接头 VAG 1274/8 上。

(4)将排气软管1导入到一个小的容器2内,所排放的空气将携带少量的冷却液,应对其进行收集。

(5)请将拉杆横向相对流通方向旋转,关闭阀门A和B。

(6)将软管3连接上压缩空气。压缩空气压力要求:0.6~1MPa。

(7)向流通方向旋转拉杆,打开阀门B,吸入式喷射泵在冷却系统内产生真空;显示仪表的指针必须位于绿色区域内;此时向流通方向旋转拉杆,短暂打开阀门 A,冷却系统加注装置 VAS 6096 的冷却液补偿罐软管内充满冷却液。如果指针位于绿色区域以下,则请重复该过程。

(8)加注冷却液到膨胀罐的"最大(max)"标记位置时关闭阀门,盖上冷却液膨胀罐盖。

(9)检查冷却液液位。发动机达到工作温度时,冷却液液位必须位于"最大"标记处,而冷机时,则必须位于"最小"和"最大"标记之间。如有必要,添加冷却液。

2)手工加注

(1)起动发动机,使发动机转速约为 2000r/min,并保持约 3min。

(2)使发动机运转至风扇起动。

(3)缓慢加注冷却液到膨胀罐的"最大(max)"标记位置,盖上冷却液膨胀罐盖。

检查和更换冷却液

(4)在膨胀罐关闭状态下检查冷却液液位。发动机达到工作温度时,冷却液液位必须位于"最大"标记处,而冷机时,则必须位于"最小"和"最大"标记之间。

(5)起动发动机以怠速运转,使冷却风扇开始运转。观察冷却液液位,如果液位过低时添加冷却液。

注意:手动加注冷却液时,会导致冷却管路内部残存部分空气。因此,加注完成后必须要排除冷却系统内部的空气,避免系统内有空气而导致发动机过热。

4. 整理工位

收回翼子板布和前格栅布,关闭发动机舱盖;收回防护五件套,清洁车辆,清洁地面卫生,处理废弃物。

5. 废冷却液的环保处理

放出的冷却液不宜再使用,应严格按有关法规处理废弃的冷却液。

 任务小结

(1)只能使用 G12 + + 冷却液添加剂。识别标记:红色。绝对不允许将 G12 + + 和其他冷却液添加剂混合!如果冷却液膨胀罐中的液体是棕色,则说明 G12 + + 已与其他冷却液混合了,在这种情况下必须更换冷却液。

(2)当发动机热的时候,禁止直接拧开散热器或膨胀水箱盖,这会导致冷却液沸腾并飞溅出来,造成严重烫伤。

(3)冷却液浓度至少要达 50%(防冻能力达到 -35℃)且不应超过 60%(防冻能力达到 -40℃),否则防冻能力和冷却效率都会降低。

(4)如果出于气候原因需要提高防冻能力,可适当提高 G12 + + 的比例,但最多不可超过 60%(防冻能力可达 -40℃)。超过 60%,反而会降低防冻和冷却能力。

(5)如果更换了散热器、热交换器、汽缸盖或汽缸密封件,就不能重复使用已经用过的冷却液。

子任务 2　制动液的检查与更换

任务描述

车主王女士发现自己的爱车今天在行驶过程中出现过三次制动"踩空"的现象，另外制动比较"疲软"，车子刹不住，于是打电话请求 4S 店进行现场救援。

该车是一款 1.8 TSI 迈腾轿车，行驶里程 1520km。

学习目标

(1) 能描述制动液的作用及使用性能。
(2) 能描述制动液的品种、牌号及鉴别方法。
(3) 能检查与更换制动液。
(4) 能对制动系统进行排空气。
(5) 能为客户提供汽车制动系统日常正确使用和维护的建议。
(6) 能进行信息查询和使用维修手册。
(7) 能够按照企业 5S 要求和安全生产规范进行操作。
(8) 能与同学密切合作，规范安全地完成学习活动。
(9) 养成自主学习的习惯、培养操作规范的工作作风及环保意识。
建议学时：6 学时。

知识准备

制动液具有吸湿性强的特点，会逐渐吸收空气中的水分，再加上活塞与主缸的摩擦会产生微小的颗粒，长时间使用之后，这些微小的颗粒也会聚集在一起形成大颗粒杂质，所以制动液应每隔 24 个月或 5 万 km 进行定期更换。制动液具有腐蚀性，更换制动液时应注意防止将其粘到涂漆面、树脂件和一般橡胶上。添加其他品牌的制动液，可能会与原车制动液产生化学反应,损坏密封件,直接影响制动安全性。

一、汽车制动液的作用及使用性能

1. 汽车制动液的作用及特性

在轿车和轻型汽车上广泛采用液压制动系统。汽车制动液是汽车液压制动系统中所采用传递压力以制止车轮转动的工作介质,在液压制动系统中肩负着重要的作用。目前国内外车辆大多使用合成型车用制动液。合成制动液是用醚、醇等添加剂调制而成,有凝固点低、低温流动性好、黏温特性好、闪点高、不易老化、腐蚀性小等优点。因此,全国各地高速、大功率、重负荷、制动频繁的汽车均可使用。

2. 汽车制动液的使用性能

汽车制动液的工作温度范围很宽。当气温低时制动液黏度会增大,低温流动性差。现代汽车的车速越来越高,汽车制动液的温度最高可达150℃以上,夏天汽车液压制动系统易产生气阻,而且制动液遇潮吸水后会使沸点下降。

综上所述,汽车制动液应具有以下使用性能。

(1)高温抗气阻性。如果制动液沸点过低,在高温时就会蒸发成蒸气,使液压制动系统管路中产生气阻,导致制动失灵。为保证行车安全,要求制动液具有高沸点、低挥发性,夏天不易产生气阻。汽车制动液高温抗气阻性的评定指标是平衡回流沸点、湿平衡回流沸点和蒸发性。

(2)运动黏度。汽车制动液应在使用温度范围内有很好的流动性,使系统内压力能随制动踏板的动作迅速上升和下降,橡胶皮碗能在制动缸中顺利地滑动,故要求制动液在很宽的温度范围内保持适当的黏度。在制动液规格中都规定了-40℃最大运动黏度和100℃等的最小运动黏度。

(3)制动液与橡胶配伍性。汽车液压制动系统有橡胶皮碗等橡胶件,要求制动液对橡胶件不会造成显著的溶胀、软化或硬化等不良影响。制动液与橡胶配伍性通过橡胶皮碗试验评定。

(4)制动液的金属腐蚀性。汽车液压制动系统的主缸、轮缸、活塞、复位弹簧、导管和阀等主要采用铸铁、铝、铜和钢等材料制成,要求制动液不引起金属腐蚀。另外,当制动液渗入橡胶中时,会从橡胶中抽出一部分组分,抽出物对金属的腐蚀作用也要限制。制动液的金属腐蚀性通过金属腐蚀试验评定。

(5)稳定性。制动液的稳定性包括高温稳定性和化学稳定性,即制动液在高温和与相容液体混合后平衡回流沸点的变化。制动液的稳定性通过稳定性试验评定。

二、制动液的品种、牌号及鉴别方法

1. 制动液的品种、牌号

国际上汽车制动液普遍采用美国汽车工程师学会(SAE)的规格,包括SAEJ1704(高温使用)、SAEJ1703(正常使用)、SAEJ1702(严寒地区使用),或采用美国联邦机动车辆安全标准

(MVSS)的规格,包括 No.116 DOT3、DOT4、DOT5 等。

我国 GB 10830—1989 将制动液分为 JG0、JG1、JG2、JG3、JG4 和 JG5 六级。1991 年实施 GB 12981—1991 将合成制动液分为 HZY2、HZY3、HZY4。

(1)JG0 相当 SAEJ1702,代表产品有 SH-2,于气温不低于-20℃的环境下使用。

(2)JG1 相当于 HZY2 和 SAEJ1703,代表产品有 4603-1 型,适用湿热及气温较高地区各型进货车使用。

(3)JG2 相当于 HZY3,No.116 DOT3 水平,产品有 4604,适用于国产或进口轿车及气阻要求苛刻的各型载货汽车。

(4)JG3 相当于 HZY4,No.116 DOT4 水平,典型产品有 4606 制动液,适用于各种高级轿车。

2. 制动液的鉴别方法

机动车制动液质量的优劣,直接关系到汽车制动性能,也直接关系到车辆与人们生命财产的安全。随着我国汽车保有量的迅速增长,这一产品的重要性也越来越大。为了防止使用者误用假冒伪劣汽车制动液,这里介绍从标识和外观上鉴别制动液的方法。

(1)合格品标识上应有汽车制动液生产许可证编号、产品的企业名称、规格型号、详细地址、注册商标和联系电话等信息。

(2)凡是标明"醇型"或"矿物油型"的制动液均为不合格产品;凡是只标明某某汽车专用制动液,但未标明具体型号的产品应慎用。

(3)凡是标明平衡回流沸点低于 205℃的产品,均为不合格品。

(4)标识上没有中文字样的所谓"进口"产品应慎用,以免上当受骗。

(5)国家标准规定,制动液产品的外观应清亮透明,无悬浮物、尘埃和沉淀物质,凡是不符合该特征的均为不合格品。

(6)国家标准对制动液产品的气味虽无明确规定,但带有酒精气味的产品,其性能不可能达到国家标准,为不合格产品;没有任何气味的产品也不可能是合格产品。

操作指引

1. 组织方式

(1)场地设施:装有废气抽排系统和消防设施的场地。

(2)设备设施:一汽—大众迈腾轿车、举升机和压缩空气装置。

(3)工量具:制动液加注及排气装置 VAS 5234 或 VAG1869、常用工具(一套)、防护五件套、防护用品等。

(4)耗材:DOT4 制动液等。

2. 操作要求

(1)由于制动液具有腐蚀性,会造成皮肤损伤,有损伤车辆油漆和部件的风险,需要注意车辆和个人的防护。

(2)遵守场地安全规定,注意用电安全。

(3)正确使用制动液加注及排气装置等工量具。

（4）在对制动液加注及排气操作时，必须由经过培训的专业技术人员在通风良好的环境中进行。

（5）如有制动液溢出，用大量的水冲洗。

（6）对于配备有 ABS 防抱死制动系统的车型，必须使用专用设备将更换制动液时混入的空气排出才行，否则会降低制动效能。

任务实施

1. 制动液的检查与更换

1）检查

制动液储液罐位于发动机罩内制动主缸上方，制动液罐表面刻有"MAX"和"MIN"的标记，应注意检查液面高度（图3-6）。正常工作时，液面应始终保持在"Max"和"Min"标记之间，汽车制动摩擦片磨损而自动调节，引起制动液面略有下降是完全正常的。若短时间内出现制动液面显著下降或低于"Min"标记，则可能是制动系统有渗漏故障，应立即检查，故障排除后方可使用。

图3-6 制动液罐液位

检查与更换制动液

2）更换

更换制动液时，应使用大众公司规定的制动液，型号为 N052 760 XO。每隔两年应更换制动液一次，如果不到两年，但汽车行驶已超过 5 万 km 时，也应更换制动液。制动液有毒性和强腐蚀性，不可与车身油漆接触。制动液具有较强的吸湿性，即它能吸收周围空气中的水分，因此要将它要存放在密封的容器里。更换制动液的步骤如下：

（1）拧下制动储液罐的密封盖。

（2）用制动液充放机 VAS5234 的吸油软管从制动液储液罐中吸取尽可能多的制动液。

（3）将转接头拧紧在制动液储液罐上。把制动液充放机 VAS5234 的加注软管接到转接头上，并在 VAS5234 上设置正确的压力 0.2MPa。

（4）拔下左前制动钳排气阀的防尘罩。

(5)将收集瓶的排气软管插到左前排气阀上,打开排气阀,并排出相应量的制动液。

(6)关闭排气阀,拔下收集瓶的排气软管。

(7)重新盖上左前制动钳排气阀的防尘罩。

(8)在汽车右前侧、左后侧和右后侧重复操作。

(9)各排气阀排放时序和排出制动液的量见表3-2。

(10)切换制动液充放机VAS5234充液杆位置,一直等到液压表上的压力下降为止。

(11)从充液杆接头上取下充液软管。

(12)拧下转接头,将制动液罐盖拧紧到制动液罐上。

表3-2 排气阀排放顺序和排出制动液的量

排气阀排放顺序		必须从排气阀中排出的制动液量(L)	排气阀排放顺序		必须从排气阀中排出的制动液量(L)
制动钳	左前	0.20	车轮制动缸/制动钳	左后	0.30
	右前	0.20		右后	0.30

2. 制动系统放气

1)使用制动液充放机VAS5234放气装置放气

接通VAS5234制动系统放气装置,按规定顺序打开放气螺栓,然后排出制动钳和车轮制动轮缸中的气体,用专用收集瓶盛放排出的制动液,操作步骤类似于制动液更换。

制动系统放气顺序如下:右后车轮制动轮缸→左后车轮制动轮缸→右前制动钳→左前制动钳。

2)人工排气

(1)将一根软管一端接到放气螺钉上,一头插入排液瓶。

(2)一人用力迅速踩下并缓慢放松制动踏板,如此反复数次后,踩下制动踏板,并保持一高度使之不动。

(3)另外一人拧松放气螺钉,管路中空气随制动液顺着胶管排出制动系统,排出空气后再将放气螺钉拧紧。

(4)重复上述步骤多次,直至容器中制动液里无气泡为止。

(5)观察储液罐制动液面高度,必要时添加制动液。

3. Mark 60 ABS 制动系统排空气

1)制动装置预排气

制动钳预排气,打开放液排气阀,用普通排气罐加注制动液,直到从排气阀流出的制动液无气泡为止,关闭制动液排气阀。

2)制动液加注及排气装置VAS 5234制动装置排气

(1)专用工具、检测仪器及辅助工具。

(2)制动液加注及排气装置VAS 5234。

(3)操作方法:

①连接制动液加注及排气装置 VAS 5234。

②按规定顺序打开排气螺栓。排气顺序:左前制动钳→右前制动钳→左后制动轮缸/制动钳→右后制动轮缸/制动钳。

③在插上排气瓶软管时打开排气螺栓,直至排出的制动液无气泡为止。

④排气后应进行试车,此时必须进行 ABS 调节。

⑤如果制动液平衡罐空腔完全排空(如制动系统不密封),对制动装置预排气。排气顺序:同时对左前和右前制动钳排气→同时对左后和右后制动轮缸/制动钳排气。

⑥在插上排气瓶软管时打开排气螺栓,直至排出的制动液无气泡为止。

3)不用制动液加注及排气装置对制动装置排气

(1)通过踩动制动踩板,在制动系统中建立压力。

(2)上排气瓶软管时打开排气螺栓。

(3)在踩下制动踏板时关闭排气螺栓。

(4)重复该过程,直到排出的液体无气泡。排气顺序:左前制动钳→右前制动钳→左后制动轮缸/制动钳→右后制动轮缸/制动钳。

(5)如果制动液平衡罐空腔完全排空(如制动系统不密封),对制动装置预排气。排气顺序:同时对左前和右前制动钳排气→同时对左后和右后制动轮缸/制动钳排气。

4. 整理工位

收回翼子板布和前格栅布,关闭发动机舱盖;收回防护五件套,清洁车辆、清洁地面卫生,处理废弃物。

5. 废制动液的环保处理

废制动液放入收集桶中后,要抽出储存在专门的容器中,然后由经政府有关部门批准的回收者回收。

 任务小结

(1)制动液具有吸湿性,即它能吸收周围空气中的水分,影响制动效能,所以每两年或 5 万 km 需要更换一次制动液。

(2)检查制动系统金属管路是否有变形、泄漏及锈蚀,检查制动软管接头和固定装置的位置是否正确、检查密封和锈蚀情况,必要时更换。

(3)制动液液位总是要根据制动摩擦片磨损情况来判断。在行驶中制动摩擦片由于磨损和自调整会使制动液液位有所下降。如果制动摩擦片是新的或没有达到摩擦片磨损极限,那么制动液的液位必须位于最小和最大标记之间。如果液位降低到了最小标记之下,必须在添加制动液之前检查制动系统管路是否泄漏,必要时补充。

(4)制动液有毒性和强腐蚀性,不可与车身油漆接触。

学习任务四　汽车发动机维护

 任务概述

发动机是汽车的动力源,是汽车的"心脏",如果发动机发生故障,汽车会出现比如的动力性明显下降、油耗增大等现象,严重的甚至抛锚、汽车爆炸等现象。因此对发动机的维护与保养显得尤为重要。

电控燃油喷射发动机对混合气的要求非常严格。如果空气多燃油少(混合气稀),就会造成发动机动力性差。如果空气少燃油多(混合气浓),就会造成燃油的浪费和大气的污染。为了实现混合气浓度的高精度控制,就必须对进入汽缸的空气量进行精密的计算,所以进气系统相当重要。而随着涡轮增压以及缸内直喷等新技术的进一步应用,发动机的动力性和燃油经济性都得到了很大的提高。发动机系统的维护与保养对于确保汽车正常运行,保证其各项性能指标处在最佳状态具有重要意义。

因此,需定期对发动机进行维护。

 主要子任务

1. 空气滤清器的清洁与更换
2. 电子节气门的清洗与基础设定
3. 火花塞的检查与更换

子任务1　空气滤清器的清洁与更换

任务描述

　　最近西安连续几天沙尘暴天气,风沙很大,家住西安的李女士发现自己的汽车不太容易起动,有时连续打几次火才能起动起来,而且起动起来以后还出现了加速无力以及怠速不稳等现象。李女士将车开到维修站进行检查维修,技术人员对汽车进行检查后,发现在发动机空气滤清器中含有相对较多的灰尘和沙粒,空气滤清器已经基本堵塞,需要对空气滤清器进行清洁或者更换。

　　李女士所驾车辆为迈腾轿车,行驶了36600km,每次定期维护时因为种种原因没有对空气滤清器进行清洁或者更换,加上沙尘暴天气导致空气滤清器过脏,从而使发动机工作不良。

　　发动机在工作过程中要吸进大量的空气,如果空气不经过滤清,空气中悬浮的尘埃被吸入汽缸中,就会加速活塞组及汽缸的磨损。较大的颗粒进入活塞与汽缸之间,会影响发动机的正常工作,严重时甚至可能使发动机无法正常起动。空气滤清器装在进气管的前方,起到滤除空气中灰尘、砂粒的作用,保证汽缸中进入足量的、清洁的空气。

　　因此,接下来需要对空气滤清器进行拆装清洁,必要时更换空气滤清器。

学习目标

(1)能说出进气系统及空气滤清器的作用。
(2)能够描述空气滤清器的类型及原理。
(3)能够说出检查空气滤清器的方法和要领。
(4)能够独立的完成空气滤清器的清洗与更换。
(5)具备信息查询和手册使用的基本能力。
(6)能够按照企业5S要求和安全生产规范进行操作。
(7)能与同学密切合作,规范安全地完成学习活动。
(8)养成自主学习的习惯,培养操作规范的工作作风及环保意识。
建议学时:4学时。

知识准备

一、进气系统及空气滤清器的作用

发动机进气系统的作用是为发动机可燃混合气的形成提供必需的空气量,同时对流入发动机汽缸的空气量进行直接(L型)或间接(D型)计量。进气系统主要由空气滤清器、空气流量传感器、节气门体、进气室、各种连接管和真空管等组成。此外还包括节气门位置传感器和用于发动机怠速控制的怠速控制阀。

空气经过空气滤清器、空气流量传感器(D型系统为进气压力传感器)、节气门体、进气总管和进气歧管进入发动机各汽缸,如图4-1所示。

由图4-1可以看出,空气滤清器虽然不直接关系到汽车的技术性能,但在发动机进气系统中占据非常重要的地位,在汽车的实际使用中,空气滤清器却对发动机的使用寿命有极大的影响。空气要进入到汽缸中必须经过空气滤清器的过滤净化。一方面,如果没有空气滤清器的过滤作用,发动机就会吸入大量含有尘埃、颗粒的空气,导致发动机汽缸磨损严重;另一方面,如果在使用过程中,长时间不进行维护保养,空气滤清器的滤芯就会粘满空气中的灰尘,这不但使过滤能力下降,而且还会妨碍空气的流通,导致混合气过浓而引起发动机工作不正常。

因此,按期维护保养空气滤清器是至关重要的。

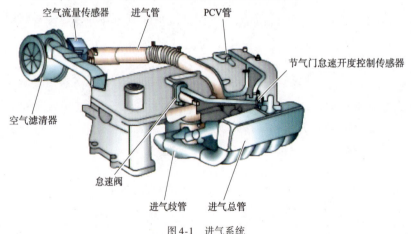

图4-1 进气系统

进气系统的结构

二、空气滤清器的类型

空气滤清器一般由滤芯和壳体两部分组成。空气滤清器滤芯一般有纸质和油浴式两种。近年来,由于纸质滤清器具有滤清效率高、质量轻、成本低、维护方便等优点,已被广泛采用。纸质滤芯的滤清效率高达99.5%以上,油浴式滤清器的滤清效率在正常的情况下滤清效率为95%~96%。目前轿车上广泛使用的空气滤清器是纸质滤清器,又分为干式和湿式两种。对干式滤芯来说,一旦浸入油液或水分,滤清阻力就会急剧增大,因此清洁时切忌接触水分或油液,否则必须更换新件。

在发动机运转时,进气是断续的,从而引起空气滤清器壳体内的空气振动,如果空气压力波动太大,有时会影响发动机的进气。此外,这时也将加大进气噪声。为了抑制进气噪声,可以加大空气滤清器壳体的容积,有的还在其中布置了隔板,以减小谐振。

空气滤清器的滤芯分为干式滤芯和湿式滤芯两种。干式滤芯材料为滤纸或无纺布。为了增加空气通过面积,滤芯大都加工出许多细小的褶皱。当滤芯轻度污损时,可以使用压缩空气吹净,当滤芯污损严重时应当及时更换新芯。

湿式滤芯使用海绵状的聚氨酯类材料制造,装用时应滴加一些机油,用手揉匀,以便吸附空气中的异物。如果滤芯污损之后,可以用清洗油进行清洗,过分污损也应该更换新滤芯。

如果滤芯阻塞严重,将使进气阻力增加,发动机功率下降。同时由于空气阻力增加,也会增加吸进的汽油量,导致混合比过浓,从而使发动机运转状态变坏,增加燃料消耗,也容易产生积炭。平时应该养成经常检查空气滤清器滤芯的习惯。

三、空气滤清器的清洁与更换

通常建议汽车每行驶 5000km 左右清洁一次空气滤清器,每行驶 2 万 km 左右更换一次。如果经常在充满尘土的道路或地区行驶的车辆,比如沙漠、建筑工地等地,空气滤清器应当在不超过 1 万 km 更换一次。各个汽车生产厂家对空气滤清器的清洁与更换周期都有严格要求,比如东风标致品牌汽车要求在正常行驶条件下每 7500km 或者半年检查清洁一次空气滤清器、行驶 30000km 或者两年更换一次空气滤清器;在尘土较多的道路或地区行驶时每 5000km 检查清洁一次、每 15000km 更换一次空气滤清器。

空气滤清器的清洗更换步骤:在清洗汽车空气滤清器的时候应先松开滤清器锁扣,卸下固定滤芯的螺母,取下护盖后拔出滤芯,然后取出滤芯。要注意防止杂质掉入空气滤清器座或者进气管中。一般在空气滤清器下面会堆积大量的尘土,这些尘土会导致发动机动力下降。因此还需要对空滤盒进行彻底地清理,一般是用抹布或者压缩空气进行清洁。

观察拆下的空气滤清器的外观及干净程度,如图 4-2 所示。旧的滤清器的滤纸因为积聚了很多灰尘已经发黑。如果空气滤清器滤芯发黑较严重则需要更换滤芯。

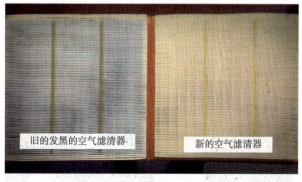

图 4-2 新旧空气滤清器对比

如果不是很严重则可以采取清洁的方法,用压缩空气沿空气进气的反方向吹净滤芯内外表面的灰尘,切勿用水进行冲洗。

如果发现空气滤清器堵塞比较严重,或者空气滤清器使用时间超过该车型的规定时间,则进行更换空气滤清器滤芯。更换滤芯时,应注意检查新滤芯有无损伤,垫圈是否有缺损情况,发现缺损,应予以配齐。

空气滤清器滤芯清洁或更换完毕后,按与拆卸相反的顺序,将各部件安装好。必须可靠地装好滤芯,不宜用手或器具接触滤芯的纸质部分,尤其不能让油类污染滤芯。

操作指引

1. 组织方式

(1)场地设施:装有空气压缩机、汽车尾气排放系统的场地。

(2)设备设施:一汽—大众迈腾轿车2.0TSI。

(3)工量具:气枪、常用工具(一套)、防护用品等。

(4)耗材:卡扣、空气滤清器等。

(5)维修手册:迈腾轿车维修手册。

2. 操作要求

(1)由于要观察汽车发动机运行情况,需要注意车辆和个人的防护。

(2)遵守场地安全规定,注意用电安全。

(3)正确使用空气压缩机、气枪等工量具。

(4)拆装空气滤清器时,需注意防止空气滤清器壳体卡扣的损坏。

(5)清洁空气滤清器滤芯时,必须在通风良好的环境中进行,防止灰尘污染环境。

任务实施

以一汽—大众迈腾轿车2.0TSI车型为例进行任务实施。

1. 观察空气滤清器的安装位置

(1)打开一汽—大众迈腾汽车发动机罩,观察并记录实训车辆的发动机型号、排量等信息。

(2)观察记录空气进气口和空气滤清器的位置,如图4-3所示。

图4-3 迈腾轿车空气进气口和空气滤清器的位置

一汽—大众迈腾 2.0TSI 的进气口位于发动机罩内前照灯旁边,开口向前并且水平。空气滤清器位于发动机右侧,进气口和空气滤芯之间的进气管并没有明显的弯曲,有利于空气的进入。

2. 拆卸空气滤清器

(1)拧出空气滤清器壳体上的 8 颗螺栓。

(2)拔下空气滤清器壳体与进气管连接的软管,请勿使用边缘锋利的工具来拔下软管,以免损坏管接头和真空软管。

(3)取下空气滤清器壳体上部件并取出空气滤清器滤芯。

3. 观察并清洁空气滤清器

(1)观察空气滤清器滤芯的类型及结构并记录。

(2)清洁空气滤清器壳体下部件,用压缩空气吹净空气滤清器壳体中的杂物并用抹布擦干净。

空气滤清器的拆卸与安装

(3)清洁空气滤清器,拿出空气滤清器观察其外观及干净程度,如果空气滤清器滤芯严重发黑则需要更换滤芯,更换时请注意废弃处理规定;如果不严重则用压缩空气沿空气进气的反方向吹净滤芯内外表面的灰尘,对空气滤清器进行清洁。

4. 安装空气滤清器

(1)安装新的或者清洁过的空气滤清器滤芯,注意空气滤清器滤芯的安装方向。

(2)安装空气滤清器壳体上部件,以 2N·m 的力矩拧紧空气滤清器壳体上的 8 颗螺栓。

(3)清洁空气滤清器外壳体。

(4)恢复作业场地。

 任务小结

(1)空气滤清器对发动机的使用寿命有极大的影响。空气滤清器一般由滤芯和壳体两部分组成。通常建议汽车每行驶 1 万 km 更换一次空气滤清器滤芯。经常在飞满尘土的道路或地区行驶的车辆,应当不超过 5000km 更换一次空气滤清器。

(2)空气滤清器可以使用气枪压缩空气进行清洁。清洁时,应该使压缩空气逆着进气的方向吹掉空气滤清器上的灰尘。不能拍打空气滤清器或用水清洗。

子任务 2　电子节气门的清洁与基础设定

 任务描述

过完圣诞节,车主王女士发现,自己的汽车组合仪表上有个指示灯一直亮着,王女士还发现自己的汽车发动机怠速变得很不稳定,转速忽高忽低,发动机运转过程中,尤其是急松加速踏板过程中,发动机抖动较大,有时会忽然熄火,遂决定开车来到 4S 店要求给予维修。

王女士所驾车辆为一汽—大众迈腾轿车,行驶了75000km,经维修技师检测诊断,用诊断仪检查发现是节气门故障,进一步检查发现该车的电子节气门较脏,应对该车的节气门进行清洗维修,对怠速控制系统进行检修。

迈腾轿车发动机状况良好情况下打开钥匙门后,车辆开始自检,EPC指示灯会点亮数秒,随后熄灭。如车辆起动后仍不熄灭,说明车辆机械部件或者电子系统出现故障。一般来说,EPC灯亮很多时候都是因为电子节气门脏了。电子节气门是目前汽车上使用最多的怠速控制装置,即节气门直动控制式,它是通过调节空气通道的流通面积来控制怠速的进气量。如果节气门存在积碳就会影响发动机进气量尤其是怠速进气量。

因此,接下来需要对该车的电子节气门进行拆装清洗,并对其进行基础设定。

 学习目标

(1)能描述怠速控制系统的作用、分类及组成。
(2)能说出电子节气门的组成及工作原理。
(3)能说出电子节气门的检测方法。
(4)能够独立完成对电子节气门的清洗与基础设定。
(5)具备信息查询和手册使用的基本能力。
(6)能够按照企业5S要求和安全生产规范进行操作。
(7)能与同学密切合作,规范安全地完成学习活动。
(8)养成自主学习的习惯、培养操作规范的工作作风及环保意识。
建议学时:4学时。

 知识准备

一、怠速系统概述

1. 怠速系统的作用

怠速是指发动机在无负荷的情况下运转,只需克服自身内部机件的摩擦阻力,不对外输出功率。维持发动机稳定运转的最低转速被称为怠速,是发动机运行的基本工况之一。工作性能良好的发动机,其怠速一般为550~800r/min。电控汽油喷射发动机在怠速工况时,节气门近乎全闭,空气通过节气门缝隙或者旁通气道进入发动机,由空气流量传感器(或进气歧管压力传感器)检测进气量,电控单元通过检测到的进气量进行控制喷油量,保证发动机的怠速运转。同时,电控单元还根据发动机冷却液温度、空调压缩机是否工作、变速器是否挂入挡位等信号,对发动机的进气量与喷油量进行调整。怠速控制装置就是要在发动机内部阻力不断变化的情况下,由ECU自动维持发动机以稳定怠速运转,并实现快怠速暖机过程。

2. 怠速控制系统的组成

怠速控制的实质是对怠速时充气量的控制,如图4-4所示。ECU通过检测从各传感器的输入信号所决定的目标转速与发动机的实际转速进行比较,根据比较得出的差值,确定相当于目标转速的控制量,去驱动控制怠速充气量的执行机构,从而实现对怠速充气量的控制。

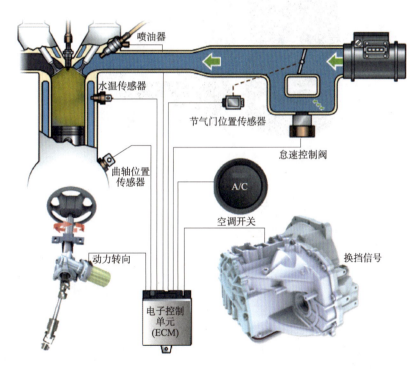

图4-4 怠速控制系统的组成插图

怠速控制采用的是反馈控制,因此为避免非怠速状态下实施怠速控制,还必须通过节气门全关信号及车速信号等来判断发动机是否正处于怠速状态,从而起动怠速控制。

与怠速控制有关的信号有:发动机转速、节气门位置、车速、冷却液温度、空挡起动开关、点火开关、空调开关和电器负载等。

怠速控制的实质是通过调节空气通道的流通面积来控制怠速的进气量。目前使用的怠速控制装置,按控制原理可分为节气门直动控制式和旁通空气控制式两类。

不管是哪种类型,它们都属于怠速控制系统中的执行器,它们接收发动机ECU的指令工作,改变旁通空气的通道面积,进而控制怠速进气量,以达到怠速控制的目的。目前广泛使用的电子节气门就属于节气门直动控制式。

二、电子节气门

1. 电子节气门的工作原理

为了提高汽车行驶的安全性、动力性、平稳性及经济性,并减少排放污染,世界各大汽车制造商推出了各种控制特性良好的电子节气门及其相应的电子控制系统,组成电子节气门控制系统。采用电子节气门控制系统,如图4-5所示,可以使节气门开度得到精确控制,不但可以提高燃油经济性,减少排放,同时,系统响应迅速,可获得满意的操控性能。目前,汽车上已经广泛采用了电子节气门。

节气门体结构

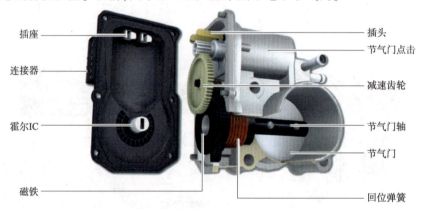

图4-5 电子节气门

另一方面,对于怠速控制系统而言,由于电子节气门可以直接由电脑来控制节气门的开度,这跟节气门直动式的怠速控制系统原理基本相同,因此带有电子节气门汽车的怠速控制系统一般采用的都是节气门直动式,也使节气门直动式的怠速控制系统得到广泛应用。

电子节气门系统的原理是,由电机带动节气门的开闭,同时,内部装有一个节气门开度传感器检测其开度。当直流电机通电转动时,经减速齿轮机构减速增扭后,再由丝杠机构将其旋转运动转换为传动轴的直线运动。传动轴顶靠在节气门最小开度限制器上,发动机怠速运转时,ECU根据各传感器的信号,控制电机的正反转和转动量,以改变节气门最小开度限制器的位置,从而控制节气门的最小开度,实现对怠速进气量进行控制的目的。

2. 迈腾轿车发动机电子节气门

电子节气门除了有控制怠速进气量的作用外,其中还集成了节气门位置传感器,迈腾轿车发动机的电子节气门中有两个角度传感器G187和G188,即节气门位置传感器。这两个传感器用于判定节气门当前的位置,并把这个信息传给发动机控制单元。这两个传感器采用的冗余设计,可以使两个传感器相互检测,在很大程度上增加了系统的可靠性,保证行车的安全性。这主要包括以下两种情况。

(1)发动机控制单元从某个角度传感器获得了不可靠信号或者根本就未收到信号,那么故障存储器会记录下一个故障,电子节气门故障灯会接通;对转矩有影响的子系统(如定速巡航或发动机转矩调节)被关闭;使用负荷信号校验另一个角度传感器;加速踏板反应正常。

(2)发动机控制单元从两个角度传感器获得了不可靠信号或者根本就未收到信号,那么这两个传感器在故障存储器会记录下一个故障,电子节气门故障灯会接通;节气门驱动器关闭;发动机只能以 1500r/min 的高怠速转速运行,对加速踏板的操作无反应。

三、电子节气门的维护

综上所述,电子节气门可以影响发动机怠速运行情况,如果损坏或者脏污,汽车发动机可能会出现怠速抖动加大甚至熄火等故障。因此,应定期检查并清洗电子节气门,以保证汽车的正常运行。目前,清洗电子节气门的操作已被很多汽车厂家列入汽车定期保养的必做项目,一般情况下,汽车每行驶 1.5 万 km 左右要进行节气门清洗或者更换。

清洗电子节气门需遵循一定的步骤,一般步骤如下。

(1)关闭点火开关,断开蓄电池,观察电子节气门安装位置,观察电子节气门插接器的类型、连接方式,用正确的方法断开插接器连线。

(2)用正确的工具拆下电子节气门连接管,如有必要拆下电子节气门周围附件,拆下节气门体。

拆装与清洗电子节气门

(3)用专用的清洁剂喷洗电子节气门体主流道内的油泥和灰尘;打开电子节气门体内部阀片,清洗之前被阀片边缘遮挡而无法清洗到的部分;将阀片固定在最大开度,喷洗节气门轴附近的和阀体端面上的污物;在主流道的一些位置,由于污垢长时间堆积后会逐渐的硬化,使用专用清洁剂也很难将其完全清除,此时可以使用软布对其反复的擦拭去除,注意不可使用硬物进行刮除,硬物会对流道表面造成物理损伤,使怠速流量发生变化,如图 4-6 为节气门清洗前后的对比图。

图 4-6 电子节气门清洗前后对比图

(4)清洗电子节气门后需要用诊断仪对电子节气门做基本设定,以便进行电子节气门怠速学习,使发动机电脑记录电子节气门的初始位置,否则在装回电子节气门后发动机的转速可能会不准确,会影响到发动机的正常使用。电子节气门的基本设定有用手动操作和诊断仪操作两种方法,目前大多数发动机用专用诊断仪进行基本设定。

(5)清洗节气门过程中,如发现进气道油污过多,应拆下进气道进行进气道清洗。

操作指引

1. 组织方式

(1) 场地设施:装有空气压缩机、汽车尾气排放系统的场地。

(2) 设备设施:一汽—大众迈腾轿车 2.0TSI、一汽—大众专用诊断仪。

(3) 工量具:管路拆卸专用工具、常用工具(一套)、手套、防护用品等。

(4) 耗材:节气门清洁剂、抹布、卡扣等。

(5) 维修手册:迈腾轿车维修手册。

2. 操作要求

(1) 由于要观察汽车发动机运行情况,需要注意车辆和个人的安全防护。

(2) 遵守场地安全规定,注意用电安全。

(3) 正确使用拆卸电子节气门的专用及通用工量具。

(4) 在断开电子节气门插接器前,需首先关闭点火开关并断开蓄电池。

(5) 拆装电子节气门插接器时,需观察其连接方式注意防止插接器的损坏。

(6) 在清洗电子节气门体时,必须在通风良好的环境中进行,防止油污、灰尘污染环境,并注意废物回收。

(7) 清洗或者更换完后需要用诊断仪对电子节气门进行基础设定。

 任务实施

以一汽—大众迈腾轿车 2.0TSI 车型为例进行任务实施。

1. 检查发动机怠速运行情况

(1) 打开点火钥匙,不起动发动机,观察电子节气门自检情况。

(2) 观察发动机怠速运行情况,判断发动机是否有怠速故障,并记录。

(3) 用诊断仪读取车辆参数,观察电子节气门怠速开度。

2. 观察电子节气门的安装位置

(1) 打开迈腾汽车发动机罩,观察并记录实训车辆的发动机型号、排量等信息。

(2) 观察记录电子节气门及其插接器的位置。

迈腾 2.0TSI 的电子节气门安装于进气管上,发动机前侧,发动机本体与散热器之间,电子节气门的插接器比较隐秘,拆装时需要特别注意。

3. 拆卸电子节气门

(1) 如图 4-7 所示,松开螺纹卡箍 2,旋出螺栓 4,旋出螺栓 1,拔下图中箭头所示的插头,向下拆下增压空气软管和导管。

(2) 如图 4-8 所示,断开电子节气门的插接器 1,旋出图示箭头的 4 颗螺栓,拆下电子节气门。

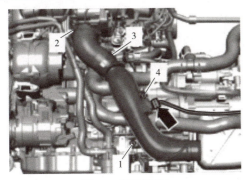 

图 4-7　拆装步骤 1　　　　　　　　图 4-8　拆装步骤 2

1、4-螺栓；2-螺纹卡箍；3-卡箍　　　　1-插接器

4. 清洁电子节气门

(1) 用节气门清洁剂和一把干净的刷子仔细清洁节气门壳体，特别是当节气门关闭时的周围。

(2) 然后用无毛纤维的抹布擦干节气门壳体。清洁空气滤清器壳体下部件，用压缩空气吹净空气滤清器壳体中的杂物并用抹布擦干净。

(3) 等待至节气门上的清洁剂完全蒸发。

5. 安装电子节气门并进行基础设定

安装清洗过的电子节气门，注意需按照工艺完成。

6. 进行基础设定并读取参数

电子节气门基础设定

(1) 用诊断仪对电子节气门进行基础设定，即匹配发动机控制单元和电子节气门控制单元。

(2) 用诊断仪对车辆进行参数测量，比较电子节气门清洗前后的数据，如图 4-9 所示。

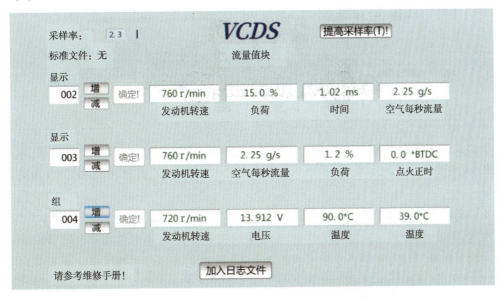

图 4-9　数据测量

任务小结

（1）怠速控制的实质是对怠速时充气量的控制。ECU通过检测从各传感器的输入信号所决定的目标转速与发动机的实际转速进行比较，根据比较得出的差值，确定相当于目标转速的控制量，去驱动控制怠速充气量的执行机构，从而实现对怠速充气量的控制。

（2）电子节气门的广泛使用使节气门开度得到精确控制，可以提高燃油经济性，减少排放。

（3）应定期检查并清洗电子节气门，以保证汽车的正常运行。

子任务3　火花塞的检查与更换

 **任务描述**

车主王女士最近发现自己的轿车起动比较困难，经常需要打火好几次才能起动，而且动力不足，没跑多少公里就需要加油，油耗明显比平时增加了很多，因此决定来到4S店要求给予维修。

王女士的车辆是迈腾轿车，行驶了35000km，车况一直比较好，经维修技师检测诊断，发现该车的点火系统中的火花塞出现故障，需要更换火花塞，并对点火控制系统进行检修。

点火系统的作用是将低压电转变为高压电，并按照发动机的做功顺序和点火时刻的要求，产生电火花，点燃汽缸内的可燃混合气。而火花塞是将点火高压电引入汽缸燃烧室，并在其两个电极间产生电火花，点燃混合气的。由于其工作温度相当高，汽车运行中火花塞容易出现烧蚀或者积碳等问题,因此需要对火花塞进行定期的检查与更换,以保证发动机的正常点火。

因此,接下来需要对该车的火花塞进行检查与更换。

学习目标

(1) 能够判断火花塞的类型及技术参数。
(2) 能描述火花塞的作用及工作原理。
(3) 能够规范地检查火花塞并分析火花塞的好坏。
(4) 能够按照要求规范地更换火花塞。
(5) 会运用所学知识和经验,为客户提供延长火花塞使用寿命的使用方法和建议。
(6) 会使用维修手册和维修资料进行信息查询。
(7) 能够按照企业5S要求和安全生产规范进行操作。
(8) 能与同学密切合作,规范安全地完成学习活动。
(9) 养成自主学习的习惯,培养操作规范的工作作风及环保意识。

建议学时:4学时。

一、点火控制系统概述

点火系统的作用是将低压电转变为高压电,并按照发动机的做功顺序和点火时刻的要求,产生电火花,点燃汽缸内的可燃混合气。在汽车上应用的点火系统类型较多,通常按控制方式进行分类,主要有传统点火系统、电子点火系统和微机控制点火系统三种类型,而目前微机控制点火系统应用最为普遍。

在电控汽油喷射发动机中广泛采用微机控制点火系统,即通过ECU对点火系统进行控制。微机点火控制包括点火提前角的控制、通电时间控制和爆震控制三个方面,从而对点火提前角、爆震的控制更加精确,发动机的经济性、动力性更加优越并能减少空气污染。

微机控制点火系统主要由三部分组成:监测发动机运行状况的传感器、处理信号并发出指令的微处理器(ECU)、执行ECU指令的执行器。其结构如图4-10所示。

微机控制点火系统不仅能根据发动机的转速来控制点火线圈初级电路的通电电流,而且还取消了真空式和机械离心式点火提前装置,由电控单元根据汽油机的运行工况调整和控制点火提前角,使发动机的动力性、经济性、排放等方面的性能达到最优。另外,微机控制点火系统通过爆震传感器对爆震进行反馈控制,使汽油机大部分运行工况都处于爆震的临界状态,使汽油机的动力性潜力得到了充分的发挥。

不管是哪种类型,点火系统产生高压电的零件是点火线圈,产生电火花点燃可燃混合气的零件是火花塞,它们都是点火系统发生故障较多的地方。下边重点分析由于火花塞引起的点火系统故障。

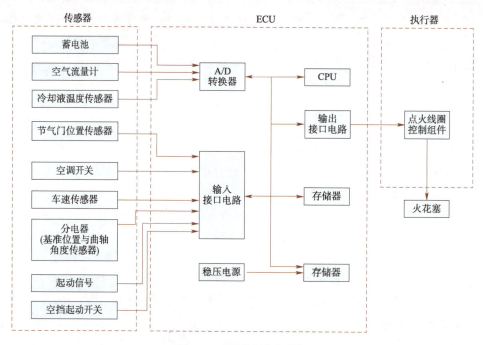

图 4-10 微机控制点火系统

二、火花塞

火花塞将由点火线圈产生的点火高压电引入汽缸燃烧室,并在其两个电极间产生电火花,点燃混合气。

1. 火花塞的结构

火花塞一般安装在发动机汽缸盖上,位于发动机的侧面或顶部。传统点火系统的火花塞靠缸线与分电器连接,现在汽车上的发动机基本上都改成了点火线圈与火花塞直接相连。火花塞的安装位置如图 4-11 所示。

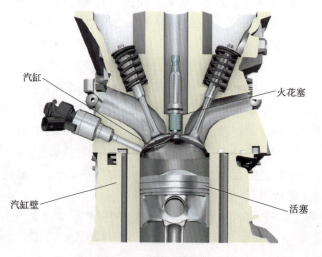

图 4-11 火花塞的安装位置

火花塞的结构

火花塞由端子、壳体、绝缘体和电极构成。其中，壳体为金属结构，分为两部分，下部外表为螺纹，以便旋进发动机缸盖上的安装孔，上部为六棱柱，以便使用套管安装或拆卸火花塞，如图 4-12 所示。

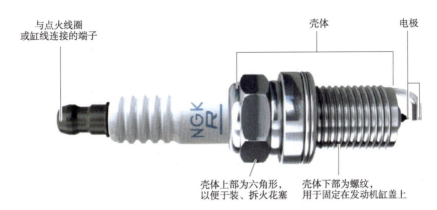

图 4-12 火花塞的外部结构

火花塞的放电部分是中心电极和侧电极，它们之间用高氧化铝陶瓷绝缘体隔开。绝缘体内部的中心导电部分分为三段，上部是金属杆，金属杆的上部制有螺纹，其上拧有接线螺母；中间是膨胀系数与陶瓷绝缘体相差不大的导电玻璃，确保火花塞在各种温度下的密封性；下部是中心电极。陶瓷绝缘体的外面是钢制壳体，有两个铜制的内垫圈，起密封和导热作用。壳体的上部制成六方体，下部制有螺纹，壳体的下端为侧电极。螺纹的上端有密封垫圈，如图 4-13 所示。

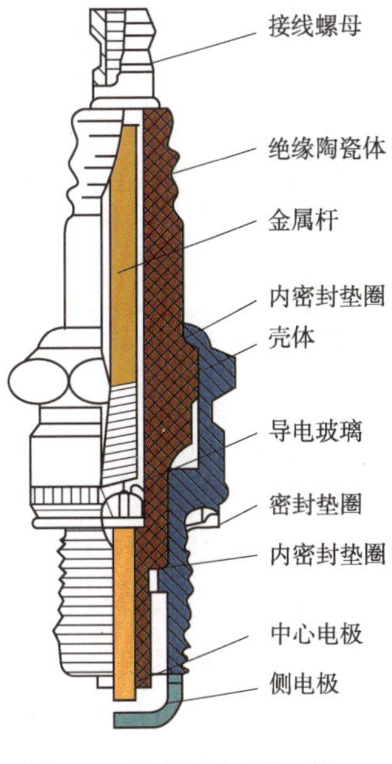

其中，电极的材料对火花塞的影响很大，现在市场上常见的电极材质有铜、镍合金、白金、铱金四种（白金和铱金普遍称之为贵金属），金属导电性能从左到右依次增高（铜＜镍合金＜白金＜铱金），点火需要的电压从左到右依次降低（铜＞镍合金＞白金＞铱金），所以，贵金属火花塞对于发动机的负荷更小，对于降低油耗有利。另外，贵金属的使用寿命也更长，当然价格也是随着性能的增加而增加的。

2. 火花塞的热特性

火花塞的热特性是指火花塞的温度特性。由于混合气爆燃时瞬间温度可达 3000℃，火花塞下部的电极、绝缘体身处汽缸，环境温度很高，火花塞吸收的热量有一小部分被进气时的新鲜可燃混合气带走，大部分由壳体传给汽缸盖，还有一小部分由中心电极传出。火花塞裙部（裙部是指陶瓷绝缘体暴露在燃烧室内的部分）在工作中适当的温度范围为 450～950℃。火花塞的工作温度受发动机功率、转速、压缩比和结构的影响。

图 4-13 火花塞的内部结构

火花塞的热特性取决于火花塞裙部的长度，裙部长的火花塞，受热面积大，传热的路径长，散热困难，因而工作温度高，称为热型火花塞；裙部短的火花塞，受热面积小，传热路径短,散热容易,因而工作度低,称为冷型火花塞;介于两者之间的称为"中型"火花塞。热型火花塞与冷型火花塞的区别,如图4-14所示。

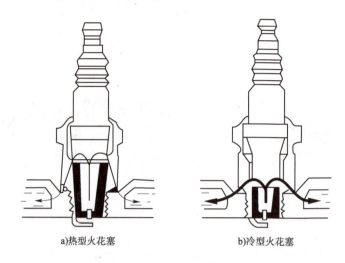

a)热型火花塞　　　　b)冷型火花塞

图4-14　热型火花塞与冷型火花塞

大功率、高压缩比、高转速发动机,由于燃烧时温度高,为使火花塞能与发动机工作特征相匹配,不至于产生炽热点火,应采用"冷型"火花塞。相反,功率小、转速和压缩比比较低的发动机,为了不至于形成积碳,应使用"热型"火花塞。

火花塞的热特性通常用热值表示,用阿拉伯数字表示热值的高低,一般数值越大,表示火花塞越冷。我国以火花塞绝缘体裙部的长度来标定火花塞的热特性,用热值3~9来表示,见表4-1。

火花塞的热特性与裙部长度、热值关系表　　表4-1

裙部长度(mm)	15.5	13.5	11.5	9.5	7.5	5.5	3.5
热值	3	4	5	6	7	8	9
热特性	热 ←――――――――――――――――――→ 冷						

3. 火花塞的型号

根据《火花塞产品型号编制方法》(ZB/T37003—1989)的规定,火花塞型号由三部分组成:

(1)火花塞结构类型及主要形式尺寸,用汉语拼音字母表示;

(2)热值,用阿拉伯数字表示;

(3)火花塞派生产品结构特征、发火端特征、材料特性及特殊技术要求,用汉语拼音字母表示,如图4-15所示。

火花塞型号

比如F5RTC型火花塞,其中"F"为第一位表示螺纹规格为M14×1.25,螺纹旋合长度为19mm,壳体六角对边距离为20.8mm;第二位的数字"5"代表其热值为5,对照表4-1,该火花塞的裙部长度为11.5mm;"RTC"为型号的第三位,对照图4-15表示该火花塞为带电阻、镍铜复合电极、绝缘体突出型的火花塞。

汽车发动机维护 学习任务四

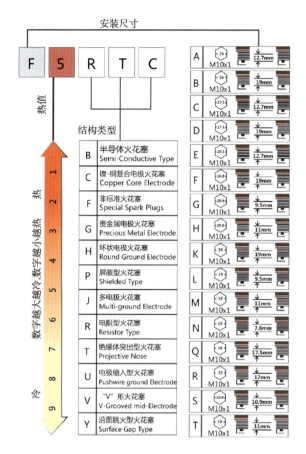

图 4-15 火花塞型号对比

三、火花塞的维护

可见，火花塞的性能关系到汽车发动机可燃混合气的正常燃烧，如果使用不当、不及时维护或者火花塞本身出现问题，将会影响到发动机的燃油经济性和动力性。因此，必须进行定期的检查与维护。

1. 火花塞的更换周期

火花塞使用的材质对于它的更换周期有决定性影响。前面介绍过，目前市场上主流的火花塞有铜芯、镍合金芯、白金芯、铱金芯，铜芯建议每隔2万～3万km更换一次，镍合金的周期比铜芯稍长，在4万～6万km更换即可，而铱金和白金芯的火花塞金属特性比较稳定，抗氧化能力好，所以使用寿命会相对要长很多，白金芯建议每隔8万km更换一次；铱金芯的建议每隔10万km更换一次，见表4-2。

不同材质火花塞的更换周期　　　　　　　　　　　　　　　　表4-2

材　质	更换周期（万km）	材　质	更换周期（万km）
铜芯	2～3	白金芯	8 左右
镍合金芯	4～6	铱金芯	10 或更长

·61·

2. 火花塞的故障

一般汽车厂家对火花塞的更换周期都有一定的里程数要求,一般在2万~10万km之间,超过里程之后,火花塞电极的磨损会加快,电极间隙会变大,点火也会变得不稳定,对于电压需求更高,轻者的表现是加速无力、点火失效、油耗增加等症状,严重的还可能出现电极断裂损伤发动机的情况。所以,建议按照规定的里程数要求来更换火花塞。另外,在火花塞的其他部位也可能会出现问题。

3. 火花塞的检查与调整

1) 火花塞外观检查

如果发现行驶一段时间后,汽车的动力性出现明显下降而油耗又有了明显的增加,甚至有时候会出现起动困难等现象,就好像李先生的迈腾轿车一样,这时候很有可能就是发动机的火花塞出现故障了。检查火花塞的工作状态是否健康,最直接地就是将它们拆下来检查,如果发现火花塞两个电极以及绝缘体处呈淡黄色,则说明这支火花塞的工作状态是健康的;如果火花塞电极上有明显的积炭或者黑色的附着物,这就说明火花塞出现故障了,这可能是由于"发动机烧机油"或"发动机可燃混合气过浓"等原因造成的。如果积炭不是很多,可用清洗剂进行清洗再使用;如果积炭太多,需要更换新的火花塞以保证其正常使用。

2) 火花塞间隙检查与调整

火花塞中央电极与侧电极之间的间隙,称为火花塞间隙,为0.60~1.00mm。若间隙过大,因跳火电压增高,使点火线圈处在过负荷状态下工作,发动机在高速时容易出现断火,运转不稳。若间隙过小,跳火弱小,也不能很快地点燃混合气,使发动机功率下降。

拆下火花塞,如果外观正常,需要用塞尺检查一下火花塞两个电极之间的间隙,如图4-16所示。

图4-16 火花塞间隙检查

检查火花塞

若火花塞间隙过大,可压下侧面电极;若间隙过小,可撬起侧面电极加以调整,但绝不可撬动和敲击中央电极,以免损坏绝缘体,最后用火花塞间隙规进行调整。

3) 火花塞绝缘电阻测量

用万用表测量火花塞的绝缘电阻,其标准电阻应大于10MΩ。如果仍不符合要求,则更换火花塞。

 **操作指引**

1. 组织方式

(1)场地设施:装有空气压缩机、汽车尾气排放系统的场地。
(2)设备设施:一汽—大众迈腾轿车 2.0TSI、火花塞清洗器、点火线圈拉拔器、一汽—大众专用诊断仪、火花塞扳手、汽车防护用品。
(3)工量具:万用表、塞尺、扭力扳手、加长杆等常用工具、手套、防护用品等。
(4)耗材:清洗剂、润滑脂、新火花塞一套、抹布等。
(5)维修手册:迈腾轿车维修手册。

2. 操作要求

(1)由于要观察汽车发动机运行情况,需要注意车辆和个人的安全防护。
(2)遵守场地安全规定,注意用电安全。
(3)正确使用拆卸火花塞的专用及通用工量具。
(4)在断开点火线圈组件插接器前,需首先关闭点火开关并断开蓄电池。
(5)拆装点火线圈插接器时,需观察其连接方式注意防止插接器的损坏。
(6)安装时需要在相应的地方涂抹润滑脂,并安装到位。
(7)注意废物回收。

 任务实施

以一汽—大众轿车迈腾 2.0TSI 车型为例进行任务实施。

1. 检查发动机正常起动情况

(1)打开点火钥匙起动发动机,观察发动机是否存在起动困难,并记录。
(2)试车,在组合仪表上观察其是否存在近期油耗过高等情况并记录(图 4-17)。

图 4-17 油耗显示

2. 寻找火花塞的安装位置

(1)打开迈腾汽车发动机罩,观察并记录实训车辆的发动机型号、排量等信息。
(2)观察发动机点火系统的类型,寻找点火线圈及火花塞等零件。
迈腾轿车的点火线圈安装发动机缸体顶端,发动机罩下,需要拆开发动机罩才能看得见,火花塞更是需要拆下点火线圈才能看见。

3. 拆卸火花塞

(1)拆卸发动机罩,注意观察带功率输出级的点火线圈的安装位置,火花塞在点火线圈下面。

(2)使用专用工具拔出器 T40039 将所有的点火线圈从汽缸头拉出大约 30mm。为了拔出火花塞,请先将起拔器 T40039 放在带功率输出级的点火线圈上的那片厚边上,如果使用下面的唇边,则可能会损坏。

(3)拔下插接器,将插头朝带功率输出级的点火线圈的方向按压,用手按到锁紧装置上,然后拔出。

(4)拆卸火花塞,使用火花塞扳手 3122 B 将火花塞拧出。

4. 检查火花塞

(1)观察火花塞的类型及结构并记录。

(2)检查火花塞电极情况并记录。

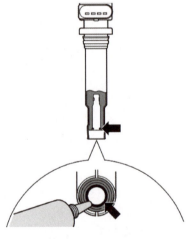

(3)用塞尺测量火花塞的电极间隙与标准值进行对比并记录。

(4)判断火花塞是需要维修还是更换。

5. 安装火花塞

(1)安装新的或者维修过的火花塞,使用火花塞扳手 3122 B 将火花塞拧入,注意力矩要求为 25N·m。

(2)在点火线圈密封软管周围涂上一层薄薄的火花塞插头润滑脂,润滑脂的厚度必须为 1~2mm,如图 4-18 所示。

(3)将带有功率输出级的点火线圈放入汽缸盖。将带功率输出级的点火线圈对准汽缸盖罩规定的凹槽。将所有的插头放在点火线圈上,安装到位。将带功率输出级的点火线圈用手插到火花塞上,必须感觉到其卡上为止。

图 4-18 涂抹润滑脂地方

(4)安装发动机罩。

任务小结

(1)点火系统的作用是将低压电转变为高压电,并按照发动机的做功顺序和点火时刻的要求,产生电火花,点燃汽缸内的可燃混合气。火花塞将由点火线圈产生的点火高压电引入汽缸燃烧室,并在其两个电极间产生电火花,点燃混合气。

(2)火花塞的类型对于它的使用周期有影响,而火花塞的性能好坏对汽车的动力性、燃油经济性都有着重要的影响,应根据火花塞的类型定期对其进行检查与调整甚至更换。

(3)汽车在使用过程中,应该按照厂商规定的更换周期对火花塞进行定期更换,确保汽车始终处于良好的技术状况。

学习任务五　汽车底盘维护

任务概述

　　汽车底盘由传动系统、行驶系统、转向系统和制动系统四部分组成。底盘的作用是支撑、安装汽车发动机及其各部件、总成，成形汽车的整体造型，并接受发动机的动力，使汽车产生运动，保证正常行驶。

　　在汽车行驶过程中，必然会出现底盘受损的情况，这主要是由于汽车在行驶过程中，难免要"跋山涉水"，难免要受到地面砂石的冲击，而底盘又是最为接近地面的重要结构，这就决定了汽车底盘的存在环境非常恶劣，再加上汽车底盘的材质大部分为镀锌钢板，由于使用条件而无法始终保持干燥状态，许多具有侵蚀性的物质通常会吸附于底盘之上，而汽车在行驶过程中，底盘就难免会被利器所伤，最终导致底盘生锈、受腐和脱落，降低汽车底盘的使用寿命。甚至会影响到其他部件的正常运转，甚或带来一些其他故障，包括油箱漏油、大梁穿孔或控制板进水等，提高汽车行驶风险，降低汽车的使用寿命。因此，汽车的日常维护，特别是底盘的维护就显得尤为重要。

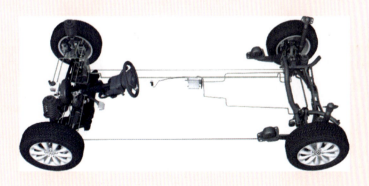

主要子任务

1. 制动器的检查与维护
2. 车轮的检查与维护
3. 底盘其他系统维护

子任务1　制动器的检查与维护

任务描述

迈腾车主小李反映,在下班回家行进途中制动时,仪表板上显示的报警灯亮起,于是就开车到4S店检查。技术人员对汽车进行检查后,发现是制动片磨损极限报警灯常亮,制动盘和制动器摩擦片均有较大磨损。

因此,接下来需要对制动器的技术状况进行检查和维护,必要时更换制动片。

学习目标

(1)能判断制动器的类型、结构、功用和技术参数。
(2)能检查盘式制动器的技术状况。
(3)能够更换盘式制动器制动片。
(4)能够对盘式制动器进行维护。
(5)会运用所学知识和经验,为客户提供汽车制动器日常正确使用和维护的建议。
(6)具备信息查询和手册使用的基本能力。
(7)能够按照企业5S要求和安全生产规范进行操作。
(8)能与同学密切合作,规范安全地完成学习活动。
(9)养成自主学习的习惯,培养操作规范的工作作风及环保意识。
建议学时:4学时。

知识准备

一、制动系统概述

为了保证驾驶员在行车过程中根据路况和复杂的交通状况对车辆实施有效的减速、甚至紧急停车控制,以及使已停驶的车辆原地保持不动,汽车上必须装设一系列专门装置,以便驾驶员对汽车实施不同程度的强制制动,这种装置称为汽车制动系统。

制动系统分为行车制动系统和驻车制动系统。

制动系统的工作可通过图5-1所示的简单液压制动系统示意图进行分析。

制动器的工作过程

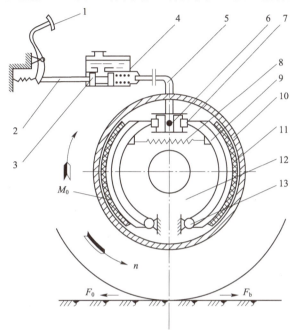

图5-1 制动系统工作分析

1-制动踏板;2-推杆;3-制动主缸活塞;4-液压主缸;5-管道;6-制动轮缸;7-制动轮缸活塞;8-制动蹄复位弹簧;9-制动蹄;10-制动鼓;11-制动摩擦片;12-制动底板;13-支承销

一个以内圆面为工作表面的金属制动鼓10固定在车轮轮毂上,随车轮一同旋转,制动底板12固定在车桥上,其上有两个支承销13,支承着两个弧型制动蹄9的下端,制动蹄的外圆面上装有摩擦片11,制动底板上还装有液压制动轮缸6,用油管5与装在车架上的液压制动主缸4相连通,主缸中的活塞7可由驾驶员通过制动踏板机构1来操纵。制动系统不工作时,制动鼓的内圆面与制动蹄摩擦片的外圆面之间保持有一定的间隙,使车轮和制动鼓可以自由旋转。

为了使行驶中的汽车减速,驾驶员踏下制动踏板1,通过推杆2和主缸活塞7,使主缸内的油液在一定压力下流入轮缸6,并通过两个轮缸活塞7推动两制动蹄绕支承销转动,使摩擦片压紧在制动鼓的内圆面上。这样不旋转的制动蹄就对旋转的制动鼓作用一个摩擦力矩M_0,其方向与车轮旋转方向相反,制动鼓将该力矩M_0传给车轮后,由于车轮与路面间有附着作用,车轮对路面作用一个向前的圆周力F_0,同时路面也对车轮作用着一个向后的反作用力即制动力F_b。制动力由车轮经车桥和悬架传给车架及车身,迫使整个汽车产生一个减速度。制动力越大,则汽车减速度越大。当放开制动踏板时,液压消失,复位弹簧8将制动蹄拉回原位,摩擦力矩M_0和制动力F_b消失,制动作用随着终止。这种用以使行驶中的汽车减速甚至停车的制动系统,称为行车制动系统,是行驶过程中经常使用的。

制动力矩和制动力的大小可以在驾驶员的控制下,在一定范围内逐渐变化的制动,称为渐进制动。

二、制动系统各组成及维护要点

1. 制动系统的组成

任何制动系统都具有以下4个组成部分。

(1)供能装置,包括供给、调节制动所需能量以及改善传能介质状态的各种部件。其中产生制动能量的部分称为制动能源。人的肌体也可作为制动能源,踏下制动踏板,人的脚做了功,这是制动的能源。

(2)控制装置,包括产生制动动作和控制制动效果的各种部件,制动踏板机构即为最简单的一种控制装置,随着制动踏板受力的大小,可产生不同的制动效果。

(3)传动装置,包括产生制动能量传输到制动器的各个部位。

(4)制动器装置,产生阻碍车辆运动或运动趋势的力(制动力)的部件,其中包括辅助制动系中缓速装置,目前轿车中使用最为广泛的是盘式制动器。

较为完善的制动系统还具有制动力调节装置、报警装置、压力保护装置等附加装置。

2. 制动系统各组成的维护要点

(1)检查制动踏板工作状态,有无异常噪声和松旷;测量制动踏板的高度,是否符合标准规定;测量制动踏板的标准行程,是否符合标准规定。

(2)检查制动真空助力器的工作状况,真空功能、气密性是否良好。

(3)检查驻车制动操纵杆行程,如果是电子驻车系统,检查电子驻车开关功能;检查驻车制动指示灯工作状况。

(4)制动卡钳的外观检查;制动摩擦片的检查与测量;制动盘厚度检查与测量;制动盘端面跳动量检查与测量。

(5)检查发动机舱、车辆底部和制动器附近的制动管路、制动软管有无破损、漏液、老化等。

(6)检查制动液液面高度,检查制动液的含水率。

(7)检查制动系统电子控制部分的线束。

三、车轮制动器

车轮制动器的作用是产生阻碍车辆的运动或制动力。汽车上常用的制动器都是利用固定元件与旋转元件工作表面的摩擦而产生制动力矩,称为摩擦制动器。它有鼓式制动器和盘式制动器两种结构形式。

1. 鼓式制动器和盘式制动器

鼓式制动器的特点是:旋转件为制动鼓,其与车轮一起固定在绕车轴旋转的轮毂上;固定件为制动蹄,其上有以不同形式安装的摩擦片。

盘式制动器的工作原理如图5-2所示。盘式制动器主要由制动盘、液压轮缸、制动钳、油管等组成。制动盘用合金钢制造并固定在车轮上,随车轮转动。轮缸固定在制动器的底板上固定不动,制动钳上的两个摩擦片分别装在制动盘的两侧,轮缸的活塞受油管输送来的液压作用,推动摩擦片压向制动盘发生摩擦制动,动作起来就好像用钳子钳住旋转中的盘子,迫使它停下来。

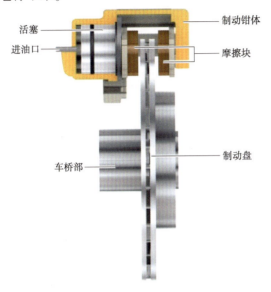

图5-2　盘式制动器的工作原理　　　　　　　　　　定钳盘式制动器工作原理

2.迈腾轿车的制动器

迈腾轿车采用的是全盘式制动系统,其前轮制动器的组成如图5-3所示。

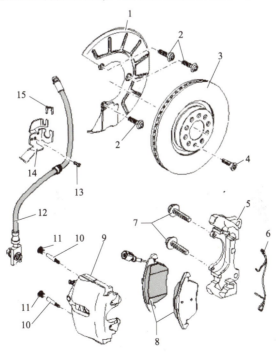

图5-3　迈腾轿车前轮制动器的组成

1-盖板;2-星形螺栓(12N·m);3-制动盘;4-星形螺栓(4N·m);5-制动器支架;6-止动弹簧;7-带筋螺栓(7N·m);8-制动摩擦片;9-制动钳;10-导向螺栓(30N·m);11-盖罩;12-制动软管;13-螺栓;14-支架;15-固定夹

操作指引

1. 组织方式

(1) 场地设施:装有举升系统和消防设施的场地。
(2) 设备设施:一汽-大众迈腾轿车。
(3) 工量具:游标卡尺、常用工具(一套)、专用工具、防护用品等。
(4) 耗材:制动片等。

2. 操作要求

(1) 由于需要举升车辆,必须注意车辆和个人的防护。
(2) 遵守场地安全规定,注意用电安全。
(3) 正确使用游标卡尺等工量具。
(4) 正确拆解和安装制动器。

任务实施

1. 检查前轮制动摩擦片的厚度

为了能更好地判断剩余摩擦片的厚度,请使用检测镜,必要时拆下车轮。
(1) 拔下车轮螺栓罩帽。
(2) 标记车轮相对制动盘的位置。
(3) 拧出车轮紧固螺栓,然后拆下车轮。
(4) 测量内外摩擦片的厚度(图5-4)。图示字母 a 为摩擦片厚度(不计背板厚度),磨损极限尺寸为2mm,如果摩擦片厚度(不计背板厚度)小于2mm,则表明制动摩擦片已经达到磨损极限,必需予以更换。请告知用户相关情况。

检查与更换制动器

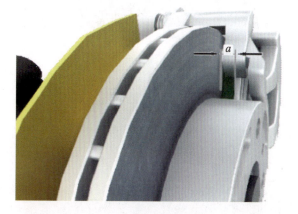

图5-4　测量摩擦片厚度

提示:更换盘式制动器摩擦片时,必须检查制动盘的磨损情况!必要时更换。
(5) 请将车轮装在标记位置。

(6)交叉拧紧车轮紧固螺栓,拧紧力矩120N·m。
(7)盖上车轮螺栓罩帽。

2.检查后轮制动摩擦片的厚度

(1)将手电筒从开口伸入轮辋,以照亮内部。
(2)目测外部摩擦片的厚度。
(3)用手电筒照亮内部摩擦片,可以使用镜子,以便观察。
(4)目测内部摩擦片的厚度(图5-5)。

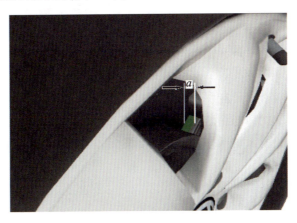

图5-5 测量摩擦片厚度

图示字母a为摩擦片厚度(不计背板厚度),磨损极限尺寸为2mm,如果摩擦片厚度(不计背板厚度)小于2mm,则表明制动摩擦片已经达到磨损极限,必需予以更换。请告知用户相关情况。

提示:更换盘式制动器摩擦片时,必须检查制动盘的磨损情况,必要时更换。

3.维修前轮制动器

需要使用制动液加注及排气装置(VAS 5234)或者吸气装置(V.A.G 1869/4)吸出制动液储液罐中的制动液。拆下制动钳或者分开制动软管之前,要安装制动踏板加载装置(V.A.G 1869/2)。

更换制动摩擦片后,要在静止状态下多次将制动踏板用力踩到底,以便使制动摩擦片进入工作状态。

内部通风制动盘的直径为312mm,厚度25mm,磨损极限22mm。原则上在同一车轴上的制动盘一起更换。制动摩擦片的厚度为14mm(不包括移动板),带磨损显示的制动摩擦片出现相应的磨损时(极限:不包括移动板约4mm),组合仪表中的指示灯亮起。

1)拆卸步骤

拆卸和安装制动摩擦片所需要的专用工具和维修设备为扭力扳手(V.A.G 1331)和活塞复位装置(T10145)。

拆卸时,请在其他正在使用的制动摩擦片上做好标记。在相同的部位重新安装,否则制动效果可能不均匀!

(1)拆下车轮。

(2)用螺丝刀将制动摩擦片的止动弹簧从制动钳中撬出并取下。

(3)脱开制动摩擦片磨损显示的插头连接。

(4)拆下盖罩。

(5)松开两个导向螺栓并从制动钳上取出。

(6)取下制动钳并用钢丝固定,以防止制动钳的重量使制动软管承重过度或损坏。

(7)将制动摩擦片从制动钳中取出或从制动器支架上取下。

2)安装步骤

在用活塞复位装置将活塞压入汽缸前,必须从制动液储液罐内吸出制动液。否则,如果在此期间添加制动液,制动液会溢出并造成损坏。

(1)复位活塞。

(2)将外侧制动摩擦片安装在制动器支架上。

(3)将带有止动弹簧的内部制动摩擦片装入制动钳(活塞)中。

(4)用两个导向螺栓将制动钳拧在制动器支架上。

(5)装上两个盖罩。

(6)将止动弹簧装入制动钳里。

(7)连接制动摩擦片磨损显示的插头。

(8)安装车轮。

提示:每次更换制动摩擦片后,要在静止状态下多次将制动踏板用力踩到底,以便使制动摩擦片进入其运行状态相对应的位置。更换制动摩擦片后检查制动液液位。

4. 维修后轮制动器

后车轮制动器结构如图5-6所示,需要使用制动液加注及排气装置(VAS 5234)或者吸气装置(V.A.G 1869/4)吸出制动液储液罐中的制动液。

拆下制动钳或者分开制动软管之前,要安装制动踏板加载装置(V.A.G 1869/2)。

制动盘的主要数据:16in 直径286mm,厚度12mm,磨损极限10mm;17in 直径310mm,厚度22mm,磨损极限20mm。制动盘出现磨损时同一车轴上一同更换。

制动摩擦片的厚度为11mm(不包括移动板),磨损极限为2mm(不包括移动板)。

所需要的专用工具和维修设备有车辆诊断、测量和信息系统(VAS 5051)和诊断导线(VAS 5051/1)或(VAS 5051/3),扭力扳手(V.A.G 1331),活塞复位装置(T10145)。

1)拆卸步骤

拆卸时,请在其他要使用的制动摩擦片上做好标记,在相同的部位重新安装,否则制动效果可能不均匀!

提示:不得断开驻车电动机的插头连接,不要运行驻车电动机。

(1)拆下车轮。驻车制动器的活塞必须用VAS 5051复位。在活塞复位之前必须将制动液从制动液储液罐中吸出。否则,如果在此期间添加制动液,制动液会溢出并造成损失。

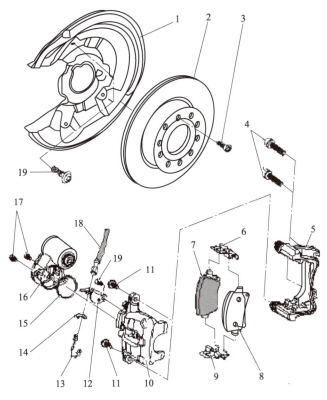

图 5-6 后轮制动器的结构

1-盖板;2-制动盘;3-内星形螺栓(4N·m);4-内梅花螺栓;5-制动器支架;6-固定片;7-制动摩擦片;8-制动摩擦片;9-固定片;10-制动钳;11-六角螺栓;12-支架;13-制动管路;14-固定夹;15-密封环;16-驻车电动机;17-内星形螺栓;18-制动软管;19-螺栓

(2)连接 VAS 5051 并选择功能,此时请选择电子机械式驻车制动和功能"前移和复位活塞驻车电动机"。

(3)用 VAS 5051 使活塞返回。

(4)接着拧下制动钳的紧固螺栓,同时用导向螺栓支撑。

(5)从制动器支架上取下制动钳。

提示:虽然使用 VAS 5051 常无法完全复位活塞,但是必须如此操作!活塞中的压紧螺母较为滑顺,因此活塞只能被推出,不能回拉。只能将带有压紧螺母的螺杆拉回。

必须预先用 VAS 5051 拉回活塞。

(6)用活塞复位装置 T10145 完全压回活塞。

(7)用钢丝固定制动钳,以便防止制动钳的重量使制动软管承重过度或损坏。

(8)拆下制动摩擦片和摩擦片固定片。

(9)彻底清洁制动器支架上制动摩擦片的支承面,清除锈蚀。

(10)清洁制动钳,只能用酒精清洁制动钳。

2)安装步骤

(1)将摩擦片固定片和制动摩擦片装入制动器支架内。

制动活塞回位工具的使用

(2)注意制动摩擦片应安装在固定板内。

(3)用新的自锁式螺栓固定制动钳。

维修套件中包括四个必须安装的自锁式六角螺栓。在用 VAS 5051 推出活塞后,必须对制动装置再进行一次基本设置。

(4)用 VAS 5051 对制动装置进行基本设置。

(5)安装车轮。

 任务小结

(1)任何制动系统都具有 4 个组成部分:供能装置、控制装置、传动装置和制动器装置。

(2)每次更换制动摩擦片后,要在静止状态下多次将制动踏板用力踩到底,以便制动摩擦片进入与其运行状态相对应的位置。

(3)更换制动摩擦片后检查制动液液位。

(4)驻车制动器的活塞必须用专用设备 VAS 5051 复位。在活塞复位之前必须将制动液从制动液储液罐中吸出。如果在此期间添加制动液,制动液会溢出并造成损失。

子任务 2　车轮的检查与维护

 **任务描述**

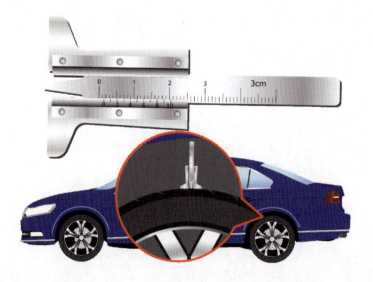

车主小李的大众迈腾轿车上次维护后又行驶了 10000km,到 4S 店进行定期维护,需要检查轮胎花纹深度和磨损形态。

学习目标

(1) 能判断轮胎的类型、结构和技术参数。
(2) 能够识别轮胎的标识。
(3) 能够更换轮胎。
(4) 能够对轮胎进行检查与维护。
(5) 会运用所学知识和经验,为客户提供汽车车轮日常正确使用和维护的建议。
(6) 具备信息查询和手册使用的基本能力。
(7) 能够按照企业5S要求和安全生产规范进行操作。
(8) 能与同学密切合作,规范安全地完成学习活动。
(9) 养成自主学习的习惯、培养操作规范的工作作风及环保意识。
建议学时:4学时。

 知识准备

一、车轮概述

1. 车轮的作用

车轮和轮胎功用

车轮是介于轮胎和车轴之间承受负荷的旋转组件,是汽车行驶中的重要部件,其功用主要是:支撑整车,缓和由于路面不平引起的冲击力;接受和传递制动力和驱动力;轮胎具有抵抗侧滑和自动回正的能力;使汽车正常转向,保持汽车直线行驶。

2. 车轮的结构

车轮主要由轮辋、轮辐和轮毂组成。轮辋用于安装轮胎,轮辐是介于车轴和轮辋之间的支承部分,轮毂用来安装轮胎。

3. 车轮的类型

按轮辐的构造,车轮可分为辐板式和辐条式(图5-7)两种。辐条式车轮的特点是以钢丝辐条或铸造辐条为轮辐。

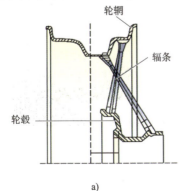
a)
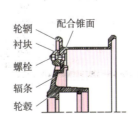

b)

图5-7 辐条式车轮

现代汽车的轮辐多种多样，与汽车造型融为一体，对整车起到了很好的装饰作用。采用少辐板的轮辐，也有利于制动器的散热。

二、轮胎概述

1. 轮胎的结构

轮胎是汽车与道路之间力的支撑件和传递件。轮胎的性能直接影响着汽车行驶的安全性、操纵稳定性、动力性、经济性及舒适性等。轮胎的性能与其结构、材料、气压、花纹等因素有关。

汽车上常用的轮胎是充气轮胎，它分为有内胎和无内胎两种。有内胎的充气轮胎的结构包括外胎、内胎和垫带（如图5-8）。

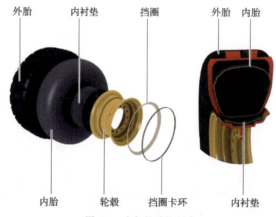

图5-8 充气轮胎的组成

无内胎轮胎具有行驶时温度低，适于高速行驶，寿命长、结构简单等优点。因此成为绝大多数轿车的首选。为了防止轮圈受损，无内胎轮胎铝合金轮辋拆卸时必须使用轮胎拆装机。

无内胎轮胎的气压应符合标准，这是延长使用寿命的关键。因此，在车辆的日常维护中要经常检查轮胎的气压是否符合标准，还要根据车辆的负载状态进行气压的调整。车辆日常维护时，备胎的气压也要进行检查调整，备胎的类型不同时，备胎气压也会不同。图5-9为不同车型轮胎的充气标准。

无内胎轮胎的结构

图5-9 轮胎充气标准

2. 轮胎的类型

汽车轮胎按胎体结构不同可分为充气轮胎和实心轮胎，现代汽车绝大多数采用充气轮胎。充气轮胎按胎体中帘线排列的方向不同，还可分为普通斜交胎和子午线胎。

1)普通斜交轮胎

帘布层和缓冲层各相邻层帘线交叉,且与胎中心线呈小于90°角排列的充气轮胎称为普通斜交轮胎。

帘布层是外胎的骨架,用以保持外胎的形状和尺寸,通常由成双数的多层帘布用橡胶贴合而成。帘布的帘线与轮胎子午断面的交角(胎冠角)一般为52°~54°,相邻层帘线相交排列。帘布层数愈多,强度愈大,但弹性降低,一般在外胎表面上注有帘布层数。

普通斜交轮胎的优点是轮胎噪声小,外胎面柔软、制造容易,价格也较子午线轮胎便宜;缺点是转向行驶时,接地面积小,胎冠滑移大,抗侧向力能力差,高速行驶时稳定性差,滚动阻力较大,油耗偏高,承载能力也不如子午线轮胎。

普通斜交胎结构

2)子午线轮胎

子午线轮胎的帘布层帘线排列的方向与轮胎的子午断面一致,所以被称为子午线轮胎。这种排列方式使帘线的强度能得到充分利用。子午线轮胎的帘布层数一般比普通斜交胎可减少约40%~50%;胎体较柔软,弹性好。

子午线轮胎结构

子午线轮胎的优点是接地面积大,附着性能好,胎面滑移小,对地面单位压力也小,因而滚动阻力小,使用寿命长;胎冠较厚且有坚硬的带束层,不易刺穿,行驶时变形小,可降低油耗3%~8%;因帘布层数少,胎侧薄,所以散热性能好;径向弹性大,缓冲性能好,负荷能力较大;在承受侧向力时,接地面积基本不变,故在转向行驶和高速行驶时稳定性好。

子午线轮胎的缺点是因胎侧较薄柔软,胎冠较厚,在其与胎侧过渡区易产生裂口;吸振能力弱,胎面噪声较大;制造技术要求高,成本也高。

3. 轮胎花纹

为使轮胎与地面具有良好的附着性能,防止纵向和横向滑移,在胎面上制有各种花纹。胎冠的花纹决定了轮胎的使用性能。不同的花纹适应不同的路面及不同类型的汽车。

轮胎花纹分类及特性见表5-1。

轮胎花纹分类及特性　　　　　表5-1

类型	纵向花纹	横向花纹	混合花纹	越野花纹
胎面花纹				
形状	沿圆周方向纵向连线的花纹(纵纹)	横向切割的花纹(横纹)	横纹和纵纹相结合的花纹	由独立的块组成的花纹
特征	(1)有较好的操纵稳定性; (2)滚动阻力较低; (3)噪声低; (4)排水性好; (5)防侧滑,转向稳定性优异	(1)有利于获得高的驱动力和制动力; (2)强大的牵引力; (3)具有优异的耐刺伤性	(1)纵纹提供转向定性并有助于防止侧滑; (2)横纹改善了驱动力、制动力及牵引力	(1)有利于获得高的驱动力和制动力; (2)在雪地和泥泞路面上具有良好的转向稳定性

三、轮胎的常用标志

1. 轮胎尺寸标记

轮胎断面高度 H 与宽度 B 之比以百分比表示称为轮胎的扁平率。

随着轮胎的扁平化,仅用断面宽 B 和轮辋直径 d 已不能完全表示轮胎的规格。即在断面宽度 B 相同的情况下,断面高 H 随不同扁平率而变化。轮胎按其扁平率——高宽比 H/B 划分系列,目前国产轿车子午线轮胎有 80、75、70、65、60 五个系列,数字分别表示断面高 H 是断面宽 B 的 80%、75%、70%、65% 和 60%。显然,数字越小,轮胎越矮,即轮胎越扁平。

2. 轮胎规格标记方法

1)ISO 国际标准的轮胎规格

按照 ISO 标记,轮胎的规格由六部分组成:"轮胎宽度(mm)+ 轮胎断面的扁平比(%)+ 轮胎类型代号 + 轮辋直径(in)+ 负荷指数 + 许用车速代号"。例如:175/70R 14 77H 中 175 代表轮胎宽度是 175mm,70 表示轮胎断面的扁平比是 70%,即断面高度是宽度的 70%,轮辋直径是 14in,负荷指数 77,许用车速是 H 级。负荷指数及对应承载质量见表 5-2。

负荷指数及对应承载质量列表(部分)　　表 5-2

负荷指数	71	72	73	74	75	76	77	78	79	80
承载质量(kg)	345	355	365	375	387	400	412	425	437	450
负荷指数	81	82	83	84	85	86	87	88	89	90
承载质量(kg)	462	475	487	500	515	530	545	560	580	600
负荷指数	91	92	93	94	95	96	97	98	99	100
承载质量(kg)	615	630	650	670	690	720	730	750	775	800

许用车速表示对车辆速度的极限限制,超过可能引起爆胎。速度级别越高,轮胎设计及对材料的要求也就越高。许用车速等级许用车速,见表 5-3。

许用车速标识对应许用车速列表(部分)　　表 5-3

许用车速标识	N	P	Q	R	S	T	U	H	V	W	Y
对应许用车速(km/h)	140	150	160	170	180	190	200	210	240	270	300

备注:①S、T、H 为许用车速常见等级,上表为部分许用车速标识;

②许用车速标识 Z,表示许用车速为 240km/h 或高于 240km/h。如许用车速 ZR,对应的许用车速要大于 240km/h;

③轮胎无速度标识,除非另外说明,一般认为最大安全速度为 120km/h。

2)我国轿车轮胎规格

我国轿车轮胎规格按照国际标准规格标志表示的上述前四项为结构尺寸特征,后两项为使用条件(图 5-10)。

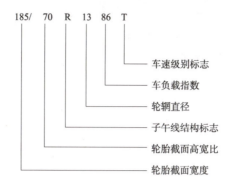

图 5-10 我国轿车轮胎规格标记方法

其中:

(1) 185 表示轮胎宽度 185mm, 货车子午线轮胎的宽度一般用英寸(in)为单位。

(2) 70 表示扁平比为 70%。

(3) R 表示子午线轮胎, 即 "Radial" 的第一个字母。

(4) 14 表示轮胎内径 14in。

(5) 86 表示荷重等级, 即最大载荷质量。荷重等级为 86 的轮胎的最大载荷质量为 530kg。

(6) T 表示许用车速级别, 即最高车速为 190km/h。

3. 轮胎品牌

我国市场上常见轮胎品牌如图 5-11 所示。

图 5-11 常见轮胎品牌

操作指引

1. 组织方式

(1) 场地设施: 装有举升系统和消防设施的场地。

(2) 设备设施: 一汽—大众迈腾轿车, 轮胎拆装机(包含专用工具)。

(3) 工量具: 常用工具(一套)、防护用品、防盗螺栓和防护五件套等。

(4) 耗材: 气门芯、轮胎装配膏、轮胎等。

2. 操作要求

(1) 由于需要举升车辆,需要注意车辆和个人的防护。
(2) 遵守场地安全规定,注意用电安全。
(3) 正确检查轮胎相关项目。
(4) 正确使用轮胎拆装机。

 任务实施

1. 检查轮胎状态

(1) 检查胎面和侧缘是否损坏或有异物,如钉子或碎片等。
(2) 检查轮胎是否磨蚀,单侧胎面磨损,胎壁疏松多孔,切口和刺穿等。
(3) 检查胎龄,如果胎龄超过 6 年,建议进行更换并告知客户。

2. 检查胎面

根据前车轮的胎面状况,可以判断是否需要检测前束和车轮外倾等。胎纹上如果有毛刺,则表明前束有误;胎面单侧磨损严重,大多是由于车轮外倾有误造成的。

如果发生此类磨损现象,需要通过四轮定位检查车轮定位参数是否正常,以便进一步确定故障原因。

3. 检测胎纹深度

如图 5-12 所示,轮胎侧面箭头所指位置为 1.6mm 高的磨损标记,如果在该位置多次显示无胎纹,则表明达到了最低胎纹深度,告知客户需要更换轮胎。

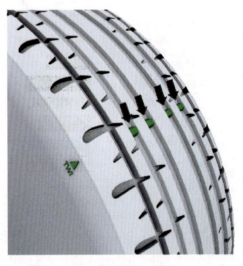

图 5-12 轮胎磨损显示

4. 轮胎充气压力

使用轮胎充气设备(VAS5216)检查胎压,必要时校正。大众汽车轮胎气压数值见表 5-4。

轮胎气压的检查与充放气

大众汽车轮胎气压数值　　　　　　　表5-4

汽油发动机		胎 压 （MPa）			
功率	轮胎规格	半负荷		全负荷	
		前部	后部	前部	后部
1.4L 95kW	215/55 R16 235/45 R17	0.2	0.2	0.2	0.27
1.8L 118kW		0.22	0.22	0.24	0.29
2.0L 147kW		0.24	0.24	0.26	0.3
3.0L 184kW		0.25	0.25	0.27	0.3
备胎	0.35				

5. 压出轮胎

（1）拧下镀镍气门芯，排出轮胎内的空气。

（2）在轮胎装配机上使用压紧铲压出轮胎时，须注意避开气门芯和轮胎压力传感器。

（3）压紧铲安装在离开轮辋边缘最远2cm处。

（4）去除辐板式车轮上的平衡块和表面的污渍。

（5）压下四周的轮胎边缘，在轮胎和轮辋边缘之间抹上大量的轮胎装配膏。

6. 拆卸轮胎

（1）将轮辋小心地安装在轮胎装配设备上，使轮胎气门芯/轮胎压力传感器在装配头前。注意装配头不得位于轮胎气门芯/轮胎压力传感器的区域，因为它会损坏轮胎压力传感器。

（2）将装配头放于轮胎气门芯和轮胎压力传感器的附近，将轮胎安装杆在轮胎气门芯和轮胎压力传感器旁约30°的位置安装。

（3）将支顶器安装在装配头对面的轮辋边缘上。

（4）用轮胎安装杆将轮胎边缘通过装配头上的装配销钉翘出后移出安装杆。

（5）沿顺时针方向运转轮胎装配机，直到上部圆缘完全位于轮辋边缘上方。上述操作将支顶器推向装配头，可重新轻易地取出支顶器。

（6）在轮胎装配设备上转动车轮，使轮胎气门芯/轮胎压力传感器转到装配头前。需要注意的是装配头不得在轮胎气门/轮胎压力传感器的区域内，因为它会损坏轮胎压力传感器。

（7）将装配头放在轮胎气门芯/轮胎压力传感器的附近，使得可用轮胎安装杆在轮胎气门芯/轮胎压力传感器旁约30°的位置安装。

（8）通过装配头上的装配销钉用轮胎安装杆将轮胎圆缘翘出。

（9）另外装入一个塑料安装杆。

（10）重新移开轮胎安装杆。

（11）使用塑料安装杆从外侧通过轮辋边缘固定轮胎圆缘，沿顺时针方向运行轮胎装配机，直到从副板式车轮中完全拉出轮胎。

用扒胎机拆卸与安装轮胎

7. 安装轮胎

（1）将轮胎装配膏涂抹轮辋边缘，轮胎圆缘和上部轮胎圆缘的内侧。

（2）在轮胎装配设备上转动副板式的车轮，使得轮胎气门芯/轮胎压力传感器转到装配头的对面。

（3）沿顺时针方向转动轮胎装配机。

（4）为了不损坏轮胎压力传感器，在轮胎气门芯/轮胎压力传感器前停止下部圆缘的安装。只要装配头仍位于轮胎气门芯/轮胎压力传感器之前，就允许转动该轮。

（5）在轮胎装配设备上转动副板式车轮，使得轮胎气门芯/轮胎压力传感器转到装配头地对面。

（6）将支顶器安装到副板式车轮上。

（7）请注意轮胎圆缘在装配头上的准确位置，并沿顺时针方向转动装配机。

（8）为了不损坏轮胎压力传感器，在轮胎气门芯/轮胎压力传感器-箭头-前停止上部圆缘的安装。

（9）只要装配头仍位于轮胎气门芯/轮胎压力传感器之前，就允许转动该轮。

（10）从轮辋边缘上取下支顶器。

（11）给轮胎充气，最大充气压力不超过 0.33MPa。

任务小结

（1）车轮是介于轮胎和车轴之间承受负荷的旋转组件，是汽车行驶中的重要部件。

（2）轮胎花纹最小深度 1.6mm。轮胎气压需要符合标准数值。

（3）在轮胎装配机上使用压紧铲压出轮胎时必须注意，轮胎气门芯/轮胎压力传感器在压紧铲的对面。

子任务3　底盘其他系统维护

任务描述

车主小李的大众迈腾轿车上次维护后又行驶了 10000km，到 4S 店进行定期维护，需要进行底盘检查，主要检查车身底部防护层和底饰板是否破损，万向节防护套等是否泄漏和损坏。

汽车底盘维护 学习任务五

 学习目标

(1)能描述底盘各部件的作用。
(2)能说出底盘各系统的功能与操作。
(3)能够对底盘进行规范检查。
(4)会运用所学知识和经验,为客户提供汽车维护的建议。
(5)具备信息查询和手册使用的基本能力。
(6)能够按照企业5S要求和安全生产规范进行操作。
(7)能与同学密切合作,规范安全地完成学习活动。
(8)养成自主学习的习惯、培养操作规范的工作作风及环保意识。
建议学时:4学时。

 知识准备

一、悬架概述

1.悬架的作用与组成

悬架是汽车的车架与车桥之间的一切传力和连接装置的总称,其作用是传递作用在车轮和车架之间的力和力矩,缓冲由不平路面传给车架或车身的冲击力,并衰减由此引起的振动,以保证汽车能平顺地行驶。

悬架由弹性元件、导向装置、减振器和横向稳定杆组成(图5-13)。悬架结构形式和性能参数的选择合理与否,直接对汽车行驶的平顺性、操纵稳定性和舒适性有很大的影响。

1)弹性元件的功用与类型

弹性元件的作用是支撑垂直载荷,缓和与抑制不平路面引起的振动和冲击。弹簧是用具有弹性较高材料制成的零件,在车轮受到大的冲击时,动能转化为弹性势能储存起来,在车轮下跳或回复原行驶状态时释放出来。

常见的弹性元件类型主要有钢板弹簧、螺旋弹簧、扭杆弹簧、气弹簧和橡胶弹簧等。

· 83 ·

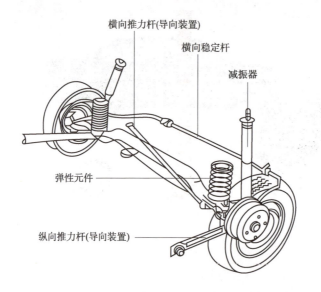

悬架结构

图 5-13　汽车悬架的组成

2）减振器

减振器是用于衰减车辆的振动,以改善汽车的平顺性,提高乘员的舒适性(图 5-14)。

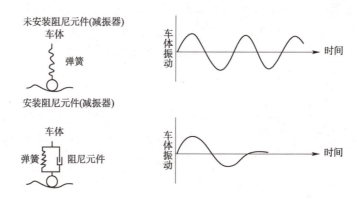

图 5-14　减振器的作用

减振器有 3 个同心钢筒。外面的钢筒是防尘罩,其上部的吊环与车架(或车身)相连。吊环下装有活塞杆及油封活塞。中间是储油缸筒,内装一定量的油液(不装满),其下端的吊环与车桥相连。最内的是工作缸筒,其内装满油液。与防尘罩上端吊环制成一体的活塞杆上固定着活塞,活塞上装有伸张阀和流通阀,在工作缸筒下端的支座上装有压缩阀和补偿阀。

3）导向装置

导向装置的作用主要是连接车轮、车身,使车桥相对于车架(车身)只能作上、下运动,保护了弹性元件,并保证行驶的稳定性。

2. 悬架的种类

按照悬架的结构特点,汽车悬架可分为非独立悬架和独立悬架两大类。

悬架类型

1）非独立悬架

如图 5-15a) 所示，非独立悬架的特点是两侧车轮安装于一整体式车桥上，当一侧车轮因道路不平受冲击力时，会直接影响到另一侧车轮。目前，这种悬架广泛应用于载货汽车和大型客车。非独立悬架由于非簧载质量比较大，高速行驶时悬架受到冲击载荷比较大，平顺性较差。

2）独立悬架

如图 5-15b) 所示，独立悬架的特点是两侧车轮分别独立地与车架（或车身）弹性连接，当一侧车轮因道路不平受冲击时，其运动不直接影响另一侧车轮，保证了车身的平衡，同时有效延长了轮胎的寿命。独立悬架所采用的车桥是断开式的，使发动机可放低安装，有利于降低汽车重心，并使结构紧凑。独立悬架允许前轮有大的跳动空间，有利于转向，便于选择的弹簧元件使平顺性得到改善。同时，独立悬架非簧载质量小，可提高汽车车轮附着性。

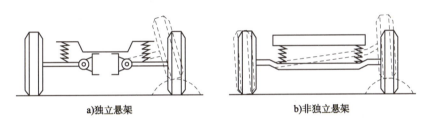

a) 独立悬架　　　　b) 非独立悬架

图 5-15　汽车悬架

二、悬架的结构与工作原理

1. 非独立悬架的结构与工作原理

1）钢板弹簧式非独立悬架

它由钢板弹簧、减振器及相关的连接装置组成，其结构如图 5-16 所示。

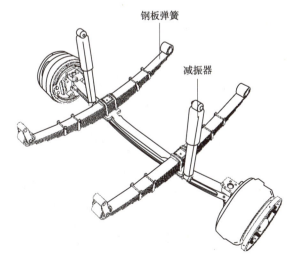

图 5-16　钢板弹簧式非独立悬架

钢板弹簧基本结构

2)螺旋弹簧式非独立悬架

它由螺旋弹簧、减振器及相关的连接装置组成,其结构如图 5-17 所示。

螺旋弹簧式非独立悬架

图 5-17　螺旋弹簧式非独立悬架

2. 独立悬架的结构与工作原理

1)横臂式独立悬架

横臂式悬架是指车轮在汽车横向平面内摆动的独立悬架,按横臂数量的多少又分为双横臂式和单横臂式悬架。

单横臂式具有结构简单,侧倾中心高,有较强的抗侧倾能力的优点随着现代汽车速度的提高,侧倾中心过高会引起车轮跳动时轮距变化大,轮胎磨损加剧,而且在急转弯时左右车轮垂直力转移过大,导致后轮外倾增大,减少了后轮侧偏刚度,从而产生高速甩尾的严重工况。单横臂式独立悬架多应用在后悬架上,但由于不能适应高速行驶的要求,目前应用不多,如图 5-18 所示。

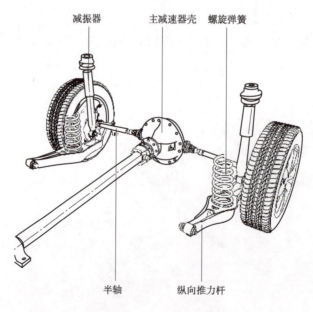

图 5-18　单横臂式独立悬架

2）纵臂式独立悬架

纵臂式独立悬架是指车轮在汽车纵向平面内摆动的悬架结构（图 5-19）。按照结构形式的区别，纵臂式独立悬架又分为单纵臂式和双纵臂式两种形式。单纵臂式悬架当车轮上下跳动时会使主销后倾角产生较大的变化，因此单纵臂式悬架不用在转向轮上；双纵臂式悬架的两个摆臂一般做成等长的，形成一个平行四杆结构，这样，当车轮上下跳动时主销的后倾角保持不变，双纵臂式悬架多应用在转向轮上。

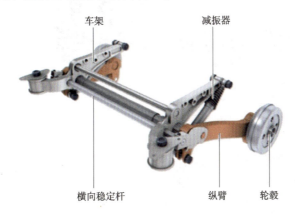

图 5-19　纵臂式独立悬架

3）车轮沿主销移动的独立悬架

车轮沿主销移动的独立悬架包括烛式独立悬架、麦弗逊式独立悬架和双叉式独立悬架。

烛式独立悬架的优点是当悬架变形时，主销的定位角不会发生变化，仅轮距、轴距稍有改变；有利于汽车的转向操纵性和行驶稳定性；缺点是侧向力全部由套筒和主销承受，二者间的摩擦阻力大，磨损严重。因此，这种结构形式目前很少采用。

麦弗逊式独立悬架主要由减振器、螺旋弹簧、立柱、下摆臂等组成如图 5-20 所示。

双叉式独立悬架主要组成如图 5-21 所示。

麦弗逊式独立悬架工作原理

图 5-20　麦弗逊式独立悬架

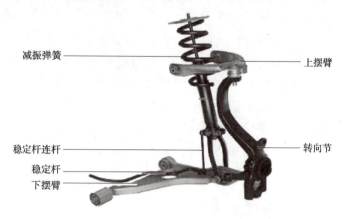

图 5-21 双叉式独立悬架

三、悬架及底盘其他系统维护要点

1. 防尘罩检查与维护

车辆的左右传动轴、左右转向齿条、减振器上方等地方都有防尘罩。对车辆进行检查维护时需将车辆用两柱举升机举起,检查这些防尘罩有无破损或漏油痕迹。如有,必须找出原因并进行维护。

同时要检查转向球头、变速操纵连接杆球头、横向稳定杆连接球头等球头座处有无磕碰、变形或裂纹。用手压捏橡胶件,检查有无老化裂纹现象。

防尘罩及球头的检查

2. 管路检查与维护

检查发动机舱和车辆底部油管的接头、固定以及走向状况是否正常;检查车辆底部制动管路的接头、固定以及走向状况是否正常;检查冷却液管的接头、固定以及走向状况是否正常;检查助力转向管的接头、固定状况是否正常;同时检查各管路的密封情况,观察其是否漏油漏液。

3. 减振器的检查与维护

重点检查减振器是否漏油以及有无磕碰。

4. 制动片和制动盘的检查与维护

测量、检查制动片的厚度;测量、检查制动盘的厚度;测量、检查制动盘的端面跳动量。

5. 底盘螺栓紧固检查

对照各个车型的维修手册,用扭力扳手检查底盘各螺栓的拧紧力矩,如不符合,需要按照维修手册数据紧固底盘螺栓。

操作指引

1. 组织方式

(1)场地设施:装有举升系统和消防设施的场地。
(2)设备设施:一汽—大众迈腾轿车。
(3)工量具:底盘拆装专用工具、常用工具(一套)、防护用品等。

(4)耗材:一次性防护用品、防护五件套和拆装工作台等。

2. 操作要求

(1)注意车辆和个人的防护。

(2)遵守场地安全规定,注意用电安全。

(3)正确使用专用工具。

(4)保持车内外干净,遵守现场5S管理。

任务实施

1. 检查车身底部防护层和底饰板是否破损

目检时注意底板、轮罩和下边梁,所有导线都应固定在支架中,所有塞子都齐全,且底板无任何损坏。必须排除所发现的故障,从而避免锈蚀和锈穿。

车辆底盘系统的检验项目及流程

2. 发动机油底壳是否泄漏和损坏

(1)检查发动机油底壳是否有磕碰损伤和漏油现象。

(2)检查发动机与变速器连接处是否有漏油现象。

3. 检查制动系统是否泄漏和损坏

(1)检查制动主缸、制动助力器、制动力调节器、制动钳和减振器是否泄漏和损坏。

(2)检查制动液排气阀上是否有防尘罩。

(3)当转角最大时,制动软管不得接触任何零部件。

(4)检查制动软管和制动管路是否有磨损。

4. 检查变速器,主减速器及等速万向节防护套有无泄漏和损坏

(1)检查变速器是否泄漏和损坏。

(2)检查主减速器是否泄漏和损坏。

(3)检查内外万向节保护套是否泄漏和损坏。

5. 检查转向横拉杆球头的间隙及防尘套状况

(1)在车轮抬起时(车轮悬空),通过转动转向横拉杆和车轮来检测间隙,正常是没有间隙的。

(2)检查转向横拉杆的防尘罩是否损坏以及位置是否正确。

6. 检查排气管状况

(1)检查排气管连接是否可靠。

(2)检查三元催化装置是否有磕碰损伤。

(3)检查氧传感器连接是否可靠。

(4)检查后部排气管消音器连接是否可靠。

7. 检查后悬架状况

(1)检查后悬架下摆臂连接是否可靠。

(2)检查纵向摆臂连接是否可靠。

(3)检查稳定杆连接是否可靠,胶套是否损坏。
(4)检查减振弹簧是否有损伤。

8. 底盘螺栓检查

(1)检查并紧固副车架连接螺栓,拧紧力矩70N·M+90°。

(2)检查并紧固悬架下摆臂连接螺栓,拧紧力矩60N·M。

(3)检查并紧固稳定杆连接螺栓,安装到副车架上的螺栓拧紧力矩为20N·M+90°,安装到连接杆上的螺栓拧紧力矩为65N·M。

(4)检查并紧固摆动支撑连接螺栓,安装到副车架上的螺栓拧紧力矩为100N·M+90°,安装到变速箱上的螺栓拧紧力矩为40N·M+90°。

注意:所有底盘螺栓的拧紧力矩与拧紧要求以维修手册为准。

(5)检查并紧固后桥其他连接螺栓。

任务小结

(1)悬架是汽车的车架与车桥或车轮之间的一切传力和连接装置的总称,其作用是传递作用在车轮和车架之间的力和力矩,缓冲由不平路面传给车架或车身的冲击力,并衰减由此引起的振动,以保证汽车能平顺地行驶。

(2)悬架由弹性元件、导向装置、减振器和横向稳定杆组成。

(3)进行底盘部分检查时,主要检查燃油管路、制动管路、排气管路等有无泄漏;波纹管、防护套有无泄漏;橡胶球头有无损坏;损坏管路走向是否正常、有无运动干涉;电气线路有无脱落;螺栓是否紧固正常。

学习任务六　汽车电气电控系统维护

任务概述

近年来,随着电子工业的发展,平均每辆车上电子装置占整个汽车制造成本的比例由16%增至23%以上,在一些豪华轿车上,电子产品占到整车成本的50%以上。汽车电子化程度被看作是衡量现代汽车水平的重要标志,更被汽车制造商认为是夺取未来汽车市场的有效手段。

现代汽车电气电控系统可以划分为汽车电气设备与汽车电子控制系统两部分。汽车电气设备的主要功能是保证汽车正常行驶,而汽车电子控制系统的作用是提高汽车的整体性能,包括动力性、经济性、安全性、舒适性、操纵性、通过性以及排放性能等。可见,汽车电气电控系统维护对于确保汽车正常运行,保证其各项性能指标处在最佳状态具有重要意义。

主要子任务

1. 蓄电池的检查与维护
2. 汽车诊断仪的使用
3. 维护周期的复位
4. 灯光、仪表系统的检查

子任务1　蓄电池的检查与维护

任务描述

车主李先生反映，前一天汽车还正常行驶，放置一晚上后，第二天早晨汽车就无法起动，只能求助汽车4S店进行救援。技术人员对汽车进行检查后，发现在起动车辆时，起动机能转动，但是转速较低，无法完成发动机的起动过程，初步怀疑是蓄电池的问题。

蓄电池是汽车上的两个电源之一，与交流发电机并联，在汽车上起到起动发动机、协助发电机供电、存贮多余电量、平衡电网电压等作用。因此，蓄电池技术状况好与否，会直接影响汽车的起动，特别是在冬季室外气温较低时，蓄电池很容易亏电，导致出现车辆起动不了的情况。

因此，接下来需要对蓄电池的技术状况进行检查和维护，必要时更换蓄电池。

学习目标

(1) 能判断蓄电池的类型、结构、功用和技术参数。
(2) 能检查蓄电池的技术状况和电源系统的状况。
(3) 能够选用并更换蓄电池。
(4) 能够对蓄电池进行充电和维护。
(5) 会运用所学知识和经验，为客户提供汽车蓄电池日常正确使用和维护的建议。
(6) 具备信息查询和手册使用的能力。

(7)能够按照企业5S要求和安全生产规范进行操作。
(8)能与同学密切合作,规范安全地完成学习活动。
(9)养成自主学习的习惯、培养操作规范的工作作风及环保意识。
建议学时:4学时。

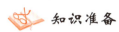

一、蓄电池的作用

蓄电池是一种可逆的低压直流电源,在汽车上主要有以下几个方面的作用。
(1)当起动发动机时,向起动系统和点火系统供电。
(2)当发电机不发电或输出电压较低时,向交流发电机励磁绕组以及其他用电设备供电。
(3)当发动机中高速运转、发电机正常发电时,将发电机剩余电能转换为化学能储存起来。
(4)当发电机过载时,协助发电机向用电设备供电。
(5)稳定电系电压。蓄电池相当于一只大容量电容器,不仅能够保持汽车电系的电压稳定,而且还能吸收电路中出现的瞬时过电压,防止损坏电子设备。

蓄电池功用

在起动发动机时,要求蓄电池在3~5s的时间内向起动机连续供给强大电流(汽油发动机一般为200~600A,柴油发动机一般为800~1000A)。因此,对蓄电池主要性能要求是容量大、内阻小,以保证有足够的起动能力。

二、蓄电池的型号

《铅酸蓄电池名称、型号编制与命名办法》(JB/T 2599-2012)中规定了蓄电池的型号由三部分组成,一般标注在外壳上。

(1)串联的单体电池数:用阿拉伯数字表示。蓄电池额定电压是这个数字的2倍,如:3表示3个单格电池,额定电压为6V;6表示6个单格电池,额定电压为12V。
(2)蓄电池的类型、结构特征:蓄电池类型用汉语拼音字母表示。如起动用铅蓄电池用Q表示;摩托车用蓄电池用M表示,具体见表6-1。
蓄电池的结构特征用汉语拼音字母表示,具体参见表6-2,无字母表示为普通铅酸蓄电池。

蓄电池类型代号　　　　　　　　　　　　　　表 6-1

序号	蓄电池类型(主要用途)	型号	汉字拼音或者英语字头	
1	起动型	Q	起	qi
2	固定型	G	固	gu
3	牵引(电力机车)用	D	电	dian
4	内燃机车用	N	内	nei
5	铁路客车用	T	铁	tie
6	摩托车用	M	摩	mo
7	船舶用	C	船	chuan
8	储能用	CN	储能	chu neng
9	电动道路车用	EV	电动车辆	electric vehicle
10	电动助力车用	DZ	电动	dian zhu
11	煤矿特殊	MT	煤特	mei te

蓄电池结构特征代号　　　　　　　　　　　　表 6-2

序号	蓄电池特征	型号	汉字及拼音或英语字头	
1	密封式	M	密	mi
2	免维护	W	维	wei
3	干式荷电	A	干	gan
4	湿式荷电	H	湿	shi
5	微型阀控式	WF	微阀	wei fa
6	排气式	P	排	pai
7	胶体式	J	胶	jiao
8	卷绕式	JR	卷绕	juan rao
9	阀控式	F	阀	fa

(3) 蓄电池的额定容量及特殊性能：额定容量用阿拉伯数字表示。我国规定用 20h 放电率的额定容量来表示，额定容量越大，表示其起动能力越强，单位为 A·h(安培·小时)。蓄电池的特殊性能：用汉语拼音字母表示，无字母为一般性能蓄电池。如 G 表示高起动率；D 表示低温起动性能好。

例如：6 - QA - 60G 型蓄电池表示是由 6 个单格电池串联而成，额定电压为 12V，额定容量为 60A·h 的起动型干荷电高起动率铅蓄电池。

三、蓄电池的容量

蓄电池容量标志着蓄电池的对外供电能力，是蓄电池的主要性能参数。

蓄电池的容量是指在放电允许的范围内,蓄电池输出的电量,即容量 C 等于放电电流 I_f 与放电时间 t_f 的乘积:

$$C = I_f \cdot t_f$$

蓄电池的容量各个国家有不同的表示方法,常用以下四类指标。

1. 20h 率额定容量

20h 率额定容量是指完全充足电的蓄电池,在电解液温度为 25℃ 时,以 20h 放电率的电流连续放电到 12V 蓄电池端电压降到 10.50 ± 0.05V、6V 蓄电池端电压降到 5.25 ± 0.02V 时所输出的电量,用 C_{20} 表示,单位是 A·h。例如:一个 45A·h 容量的蓄电池,以恒定 1A 的电流放电,能持续放电 45 小时。我国国家标准(GB)采用 20h 率额定容量来评价蓄电池的容量。

蓄电池容量

2. 储备容量

储备容量是指完全充足电的蓄电池,在电解液温度为 25 ± 2℃ 时,以 25A 电流放电至 12V 蓄电池端电压达 10.50 ± 0.05V、6V 蓄电池端电压达 5.25 ± 0.02V 时,放电所持续的时间,用 RC 表示,单位为 min。美国 BCI 标准采用储备容量作为蓄电池的评价指标。如:蓄电池标识为"12V 430A 80min",表示该蓄电池的标称电压为 12V,冷起动电流为 430A,储备容量为 80min。

3. 低温起动电流

由于蓄电池的容量受温度的影响比较大,温度高的时候储电量高,低温的时候会降低很多。因此,常用低温起动电流反映汽车蓄电池在低温下的容量。CCA(Cold Cranking Ampere)指的是在 -17.8℃ 时充满电的铅酸蓄电池通过恒电流放电,在 30s 内电压刚好降至 7.2V 时的电流。这个指标可以把蓄电池的起动能力与发动机的排量、压缩比、温度、起动时间、发动机和电气系统的技术状况等重要变量联系起来,因此是一个综合性的指标。这个值越大,说明电池的低温起动性能越好。德国 DIN 标准(deutsche industrie normung)采用低温起动电流 CCA 评价蓄电池的容量。例如:型号为"640 CCA"的蓄电池,表示其低温起动电流值为 640A。

4. 日本 JIS 电池容量

JIS 是日本国家级标准中最重要、最权威的标准,由日本工业标准调查会(JISC)制定。例如:型号为"80D26L"的蓄电池各参数含义解析如下:80 表示容量代号(容量代号是容量大小的标识,其数值大小与容量无关);D 表示宽与高的乘积,蓄电池的宽度和高度组合由 A ~ H 表示,字符越接近 H,表示宽度和高度值越大;26 表示长度(cm);L(左)或 R(右)表示负极桩头的位置(正负桩头最靠近自己时观察)。

四、蓄电池使用与维护要点

(1)更换或搬运蓄电池时,要轻拿轻放,避免蓄电池壳体破裂导致漏液。

(2)起动发动机时,每次起动时间不应超过 5s,再次起动间隔时间不少于 10s。在起动发动机时,请关闭所有电器设备,以减少车辆起动时蓄电池的瞬时负荷。

（3）汽车经常短途驾驶，开开停停，会导致蓄电池长期处于充电不足的状态，缩短使用寿命。在高速公路上以稳定的速度行车20~30min，可以给电池充分的时间充电。

（4）日常驾驶时，在离开汽车之前，检查并确保所有车灯及其他电器（如收音机等）已经关闭。避免在发动机熄火的状态下开起用电设备，如：音响等，这可能会耗尽电池电量。此外，值得注意的是加装或改装的电子设备可能会加剧电量消耗，导致蓄电池亏电。

（5）如果电池耗尽，需借火（Jump-Starting，也称搭线）才能起动发动机，起动后应立刻尽量以恒定的转速运转至少20~30min，给电池作充分的充电。

（6）如果汽车长期放置不用，应先对蓄电池进行充分的充电。同时每隔一个月将汽车发动起来，中等转速运行20min左右。如果没有条件做到以上，建议熄火后将蓄电池负极拔下，这样就不会有暗电流的消耗，下次用车之前再把负极安装上。否则，放置时间太长，将导致蓄电池严重亏电而难以起动发动机。

（7）日常使用过程中，应定期检查蓄电池的固定情况，有无漏液和极柱腐蚀现象。对于免维护蓄电池，还可以通过观察"电眼"判断蓄电池是否正常。

（8）如果蓄电池电量不足，应该及时对其进行补充电。可以使发动机以中高速稳定运行20~30min，或通过充电设备对蓄电池补充充电，不要使蓄电池长期处于亏电状态。

（9）了解蓄电池的使用时间，一般如果蓄电池使用超过4年，建议更换。

（10）更换新的蓄电池时，要注意类型、容量等和原蓄电池保持一致。连接时注意正、负极要连接正确，固定可靠。

操作指引

1. 组织方式

（1）场地设施：装有废气抽排系统和消防设施的场地。

（2）设备设施：一汽—大众迈腾轿车。

（3）工量具：蓄电池测试仪、万用表、常用工具（一套）、防护用品等。

（4）耗材：线束等。

2. 操作要求

（1）由于电解液具有腐蚀性，如果电解液从蓄电池中流出，会造成皮肤损伤，有损伤车辆油漆和部件的风险，需要注意车辆和个人的防护。

（2）遵守场地安全规定，注意用电安全。

（3）正确使用万用表、蓄电池测试仪等工量具。

（4）在检测蓄电池技术状况时，严禁用力拉扯线束。

（5）在对蓄电池充电操作时，必须由经过培训的专业技术人员在通风良好的环境中进行。

（6）在拆卸蓄电池时，必须先断开蓄电池负极接线柱，否则有短路烧伤的风险。在对蓄电池进行充电时，必须先连接正极接线柱，后连接负极接线柱。

（7）绝不要对已发生冻结的蓄电池采取起动辅助措施，有发生爆炸的危险，必须更换新的蓄电池。

任务实施

1. 蓄电池的初步检查

(1)打开汽车发动机盖,记录蓄电池的型号与主要技术参数,分析其含义(图6-1)。

a)外观图

b)技术参数释义

72Ah:蓄电池容量72A时,温度为20℃,电流为3.60A,放电20h后蓄电池电压
　　　不低于10.5V(遵照德国DIN标准)(72/20=3.60A)。
380A:在电流为380A时,根据德国标准执行耐低温试验(-18℃时,放电30s,
　　　蓄电池电压不低于9V)(遵照德国DIN标准)。

图6-1　蓄电池外观与技术参数释义

(2)观察蓄电池的"电眼"颜色,初步判断蓄电池的电量。"电眼"实际上是一个小型的内置式密度计。当蓄电池的电量发生变化时,电解液的密度会相应地变化,因而密度计会上下浮动,从而使"电眼"呈现不同的颜色:绿色表示蓄电池电量正常;黑色表示蓄电池需充电;黄色或无色表示蓄电池坏了,如图6-2所示。

(3)蓄电池外观与固定情况检查。重点观察极柱有无锈蚀,固定是否牢靠,蓄电池壳体有无鼓包、破裂或漏液,导线连接是否正常。如果有电解液泄漏,则更换蓄电池。具体操作过程如下:

①蓄电池固定螺栓的检查。使用力矩扳手VAG1331(5~50N·m)及套筒扳手检查蓄电池固定螺栓的力矩是否符合标准。迈腾轿车蓄电池固定螺栓的拧紧力矩为20N·m。

②蓄电池端子接线柱固定检查。检查端子接线柱固定螺栓是否松动,如松动则用力矩扳手VAG1783(2~10N·m)以标准力矩拧紧。迈腾轿车蓄电池端子接线柱固定螺栓的拧紧力矩为9N·m。

绿色：
充电状态良好，
电量>65%，
蓄电池状态正常

黄色：
充电状态不佳，电量
<65%，需要给蓄电池
充电

黄色至无色：
电解液液面过低，
需要更换蓄电池

可看到浮子

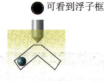
可看到浮子框

可看到电解液

a)三色电眼

液位充足
但无法确定
充电状态

电解液不足
更换蓄电池

b)EPF蓄电池二色电眼

图6-2 蓄电池的电眼

蓄电池电眼的检查

2. 蓄电池静态电压的检测

使用VAG1526B对蓄电池静态电压进行检测。标准测试条件如下：
(1) 关闭点火开关并断开所有用电器，拔下点火钥匙；
(2) 断开蓄电池负极接线端；
(3) 至少等待2h，在此期间对蓄电池既不能充电也不能放电；
(4) 测试结果分析及采取的措施：如果静态电压高于12.5V，说明静态电压正常；如果静态电压低于12.5V，给蓄电池充电。如果充电后蓄电池静态电压仍然低于12.5V，则更换蓄电池。

蓄电池检测仪使用方法

3. 蓄电池检测仪检测

蓄电池检测仪可以检查蓄电池的静态电压、低温起动电流、起动电压和充电电压，从而综合判断蓄电池的技术状况。一汽—大众用到的蓄电池检测仪如图6-3所示。

a)VAS5097A

b)GRX3000

c)micro341

d)VAS6161

图6-3 蓄电池检测仪

下面以 VAS6161 为例说明蓄电池检测仪的使用。在使用蓄电池进行系统检测时,可以检测以下三个方面:①静态测试;②起动测试;③充电测试。

1)静态测试

在质量担保模式下,其具体操作步骤如下。

(1)选择测试位置:选择就车测试(IN VEHICLE)或离车测试(OUT OF VEHICL),然后按回车键。

(2)选择温度:是否在"-32℉"以上,根据环境温度选择,然后按回车键。

(3)选择蓄电池类型:显示"REGULAR、AGM、2*6 SPIRAL、GEL"等类型,根据蓄电池型号选择后,按回车键。

(4)择蓄电池容量类型及容量值:显示"CCA、JIS、DIN、SAE、IEC、EN"等容量类型,选择蓄电池容量类型后,再选择具体容量数值,然后按回车键进行测试。测试结果及分析分为"良好的蓄电池""需要补充充电""充电后重新测试""更换蓄电池"等。

2)起动测试

当蓄电池选择"就车测试"时,可以在静态测试后进入起动测试"START TEST"。

3)充电测试

发动机起动后,可以继续进行充电测试。在此过程中,发动机怠速运转,有可能显示屏提示打开、关闭前照灯等负载。

4. 电池静态放电电流的检测

如果蓄电池在使用过程中,反复出现电量异常消耗问题,此时需要测试蓄电池的静态放电电流(俗称暗电流),即在所有用电设备关闭、点火开关关闭时,用电流钳或万用表测试蓄电池的静态放电电流。蓄电池静态放电电流一般应低于 50~80mA。

5. 电池的补充充电

当发现蓄电池电量不足时,需要对其进行补充充电。一汽—大众用到的充电机如图 6-4 所示。

a)VAS5900充电

b)GRX3000自动充电

c)VAS5095A

图 6-4 充电设备

使用 VAS5095A 对蓄电池进行充电,应注意以下几个方面。

(1)蓄电池温度在 10℃ 以上。

(2)关闭点火开关,拔出点火钥匙。

(3)关闭所有用电设备。

(4)进行蓄电池充电的准备工作:

①连接电夹钳后再连接充电装置的电源接头;

②接通蓄电池充电装置；
③根据蓄电池容量调整充电装置的充电电流。

（5）电流大约等于蓄电池容量的10%，如：60AH的蓄电池充电电流为6A。

（6）充电完成后，按照断开充电夹钳、拔下充电装置电源插头的顺序断开设备。

 任务小结

（1）蓄电池是一个将化学能转化成电能的设备。它的作用是供给发动机用电，当车辆准备发动时，蓄电池会放电给起动机提供电力，并由起动机带动飞轮、曲轴转动，从而发动车辆。在发动机供电不足或者未起动时为车内用电器（如音响系统、照明系统等）提供电源，当发动机开始正常供电之后，蓄电池则会收集并储存电能，以备日后使用。

（2）无论是免维护蓄电池还是普通蓄电池，正常使用寿命都在2~3年。注意蓄电池的日常维护，养成好的用车习惯对于延长蓄电池的使用寿命具有重要意义。

（3）蓄电池的容量有不同的评价指标。更换蓄电池时，要注意新旧蓄电池的类型、容量与尺寸应相同。

（4）蓄电池技术状况的检查可以通过以下方式进行：外观检查、电眼检查、万用表检查、蓄电池检测仪检查。检测的内容包括固定力矩、静态电压、起动电压、充电电压和静态放电电流等。

（5）蓄电池的补充充电方法包括定电压充电和定电流充电。一般对于亏电的蓄电池利用充电机对其进行定电压补充充电。

子任务2 汽车诊断仪的使用

 **任务描述**

车主张先生反映，近两天发现仪表板上有个灯一直亮，不知道是什么原因，只能来汽车4S店求助。技术人员对汽车进行检查后，发现是发动机故障灯常亮。

发动机故障灯是显示发动机工作状态的指示灯。正常情况为：接通点火开关后发动机故障灯点亮，约3～4s后熄灭。自检时如果不亮或长亮表示发动机故障，需及时进行检修。发动机故障信号是由发动机电脑发出的，而发动机电脑控制的又是整个发动机所有的电子设备，像电子节气门、喷油嘴、发电机、燃油泵等，涵盖了进气、排气、燃油、点火、正时等各个系统。那么，如果发动机故障灯亮了，具体是哪儿的原因呢？这就需要利用诊断仪进行检测了。因此，接下来需要使用汽车诊断仪对汽车电控系统进行检查，确定故障的具体部位。

学习目标

（1）能找到汽车上故障诊断接口的位置并正确连接诊断仪。
（2）熟悉诊断仪的功能与操作。
（3）能使用诊断仪对汽车电控系统进行检测和诊断。
（4）会运用所学知识和经验，为客户提供汽车电控系统日常正确使用和维护的建议。
（5）具备信息查询和手册使用的基本能力。
（6）能够按照企业5S要求和安全生产规范进行操作。
（7）能与同学密切合作，规范安全地完成学习活动。
（8）养成自主学习的习惯，培养操作规范的工作作风及环保意识。

建议学时：4学时。

知识准备

随车诊断系统OBD

一、OBD 标准

OBD 是英文 On - Board Diagnostic 的缩写，中文翻译为"车载诊断系统"。这个系统随时监控发动机的运行状况和尾气后处理系统的工作状态，一旦发现有可能引起排放超标的情况，会马上发出警示。当系统出现故障时，故障灯（MIL）或检查发动机（Check Engine）警告灯亮，同时 OBD 系统会将故障信息存入存储器，通过标准的诊断仪器和诊断接口可以以故障码的形式读取相关信息。根据故障码的提示，维修人员能迅速准确地确定故障的性质和部位。

1. OBD 的历史

从20世纪80年代起，美、日、欧等各大汽车制造企业开始在其生产的电喷汽车上配备OBD。初期的OBD没有自检功能。比OBD更先进的OBDⅡ在20世纪90年代中期产生，美国汽车工程师协会（SAE）制定了一套标准规范，要求各汽车制造企业按照OBDⅡ的标准提供统一的诊断模式。在20世纪90年代末期，进入北美市场的汽车都按照新标准设置OBD。

OBDⅡ与以前的所有车载诊断系统不同之处在于有严格的排放针对性，其实质性能就是通过监测汽车的动力和排放控制系统来监控汽车的排放。当汽车的动力或排放控制系统出现故障,有可能导致一氧化碳(CO)、碳氢化合物(HC)、氮氧化合物(NOx)或燃油蒸发污染量超过设定的标准,故障灯就会点亮报警。

OBDⅡ的特点:

(1)诊断座形状统一为梯形16针。

(2)具有数值分析资料传输功能(DATA LINK CONNECTOR,简称DLC)。

(3)统一各车种相同故障代码及意义。

(4)具有行车记录器功能。

(5)具有重新显示记忆故障码功能。

(6)具有可由仪器直接清除故障码功能。

OBD装置监测多个系统和部件,包括发动机、催化转化器、颗粒捕集器、氧传感器、排放控制系统、燃油系统、EGR等。OBD系统能在汽车运行过程中实时监测发动机电控系统及车辆的其他功能模块的工作状况,如有发现工况异常,则根据特定的算法判断出具体的故障,并以诊断故障码(DTC,Diagnostic Trouble Codes)的形式存储在系统内的存储器上。系统自诊断后得到的有用信息可以为车辆的维修提供帮助,维修人员可以利用汽车原厂专用仪器读取故障码,从而可以对故障进行快速定位,以便于快速修复车辆,减少人工诊断的时间。

OBD-Ⅱ标准诊断接头

2. 诊断接口针脚定义

DLC诊断座为统一的梯形16针脚,并装置在驾驶室,一般安置在驾驶侧仪表板下方或转向盘周围,如图6-5所示。

图6-5 OBD接口位置

DLC PIN针脚进行资料传输遵循两个标准:一个是欧洲采用的ISO(INTERNATION STANDARDS ORGANIZA TION 1941-2)标准,利用7#、15#脚进行;另一个是美国SAE(SAE-JI850)标准,利用2#、10#脚进行。DLC16针脚的定义如图6-6所示。

3. 故障码意义

SAE定义OBDII的故障码由5个字符组合而成,第1个字为英文代码,第2个到第5个码为数字码。具体定义如下。

P0——发动机变速器电脑控制系统,由SAE统一制订的故障码。

P1——发动机变速器电脑控制系统,由厂家各自制订的故障码。

· 102 ·

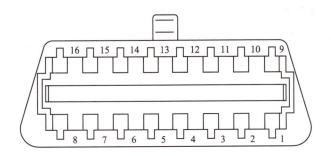

图 6-6 DLC16 针脚定义

1-厂家定义[1];2-SAE J1850 总线正[2];3-厂家定义[1];4-车身地;5-信号地;6-ISO 15765-4 定义的 CAN 高[2];7-ISO 9141-2 和 ISO 14230-4 定义的 K 线[2];8-厂家定义[1];9-厂家定义[1];10-SAE J1850 总线负[2];11-厂家定义[1];12-厂家定义[1];13-厂家定义[1];14-ISO 15765-4 定义的 CAN 高[2];15-ISO 9141-2 和 ISO 14230-4 定义的 L 或 K2 线[2];16-永久正电压

注：[1]-1,3,8,9,11,12 和 13 未做分配，可由车辆制造厂定义。

[2]-2,6,7,10,14 和 15 使用作诊断通信的。根据实际使用的通信协议的不同，它们往往不会都被使用，未使用的可由车辆制造厂定义。

P2——发动机变速器电脑控制系统，预留故障码。

P3——发动机变速器电脑控制系统，预留故障码。

C0——底盘电脑控制系统，由 SAE 统一制订的故障码。

C1——底盘电脑控制系统，由各厂家各自制订的故障码。

C2——底盘电脑控制系统，预留故障码。

C3——底盘电脑控制系统，预留故障码。

B0——车身电脑控制系统，由 SAE 统一制订的故障码。

B1——车身电脑控制系统，由各厂家各自制订的故障码。

B2——车身电脑控制系统，预留故障码。

B3——车电脑控制系统，预留故障码。

U0——网路连接相关故障码。

U1——网路连接相关故障码。

U2——网路连接相关故障码。

U3——网路连接相关故障码。

二、汽车诊断仪的功能

汽车故障诊断仪功用

汽车诊断仪是当代汽车维修的重要工具，它是一种专用的计算机，带有自己专用的操作系统，主要通过 CAN 总线（以前的系统是通过 K 线）对汽车电控系统进行操作，读出故障或进行设定与自适应。按照适用范围不同，汽车诊断仪一般分为通用型诊断仪和专用型诊断仪两类。专用型诊断仪就是针对某一特定汽车厂家车辆开发的诊断仪，例如：通用汽车的 TECH-2、福特汽车的 WDS、大众汽车的 5051/5052 等，专用诊断仪只能针对本品牌汽车进行故障诊断；通用型诊断仪可以针对市场上不同品牌的汽车进行故障诊断，比较知名的有元征的 X431，金德的 KT-600，金奔腾的彩圣 360、博世的 FSA-740 等。

汽车诊断仪的功能基本相同,都提供了包括读取故障码、清除故障码、动态数据测试、执行元件测试、参数设置、动态波形显示等功能,具体功能分析如下。

(1)读取故障码。利用诊断仪读取电控系统ECU的内存故障信息,将故障码和信息显示在屏幕上,方便故障诊断。

(2)清除故障码。故障排除以后,可以利用诊断仪清除电控系统ECU的内存信息,使其不再显示。

(3)动态数据测试。利用诊断仪连接电控系统ECU以后,可以在系统工作时动态显示执行器、传感器参数的变化,从而对其进行实时监控。例如:连接发动机ECU以后,在发动机工作时可以观察发动机转速、节气门开度、冷却液温度、喷油脉宽、点火提前角等参数的变化,进而分析发动机工作是否正常。

(4)执行元件测试。为了分析故障是发生在传感器、ECU还是执行器,可以利用诊断仪的执行元件测试功能,通过诊断仪直接给执行元件发出动作指令,观察其是否能够正常动作。例如:连接发动机ECU以后,可以执行喷油器喷射、电子节气门开闭等动作。

(5)其他功能。诊断仪还提供了电脑设置、系统匹配等功能,结合其他测量设备,还可以实现万用表、示波器等功能。

操作指引

1. 组织方式

(1)场地设施:装有废气抽排系统和消防设施的场地。

(2)设备设施:一汽—大众迈腾轿车。

(3)工量具:汽车通用诊断仪(一台)、大众汽车专用诊断仪(一台)、常用工具(一套)、防护用品等。

(4)耗材:线束等。

2. 操作要求

(1)注意车辆和个人的防护。

(2)遵守场地安全规定,注意用电安全。

(3)严禁用力拉扯线束,正确连接、使用诊断仪等设备。

(4)在检测电控系统故障时,注意控制点火开关和发动机的状态。

(5)利用诊断仪进行执行元件测试时,注意听元件动作的声音,从而帮助判断、分析故障部位。

(6)故障排除后,应该及时利用诊断仪清除故障码,并起动发动机运转一会儿,确认故障是否真正排除。

任务实施

大众汽车使用的诊断仪为VAS6150系列,包括VAS6150、VAS6150A、VAS6150B、VAS6150C。检测仪的全称是Vehicle diagnostic, measuring and information system,含义为车辆诊断、测量和信息系统,使用的是工业笔记本,安装Windows XP、Win 7系统,具备车辆自诊

断和功能导航功能,与 VAS6356 连接后具有电子检测功能。

大众汽车最新的诊断系统为 ODIS(Offboard Diagnostic Information System),含义为非车载诊断信息系统。ODIS 诊断系统能够提供灵活的故障诊断查询、清晰的测量数据显示、更方便的诊断入口。ODIS 系统的核心优势是通过高效的诊断流程实现更高的维修质量和更低的维修成本。该系统支持的车辆品牌包括大众、斯柯达、西亚特、本特利、奥迪、兰博基尼等。ODIS 系统功能如图 6-7 所示。

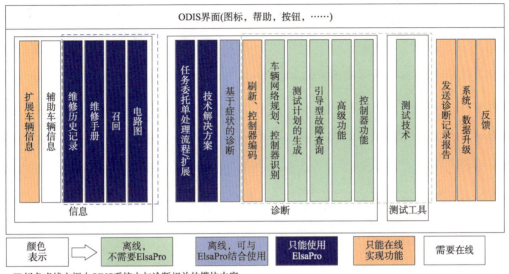

图 6-7　ODIS 系统功能框图

该诊断仪的具体功能如下。

(1)车辆自诊断功能:可以实现读取、清除故障码;执行元件诊断、编码等。

(2)测试工具功能:集成了万用表和示波器功能,可以通过连接 VAS6356 测量电压、电流、电阻和波形。

(3)功能导航:允许在进行车辆识别之后执行相应的功能检查,不同的系统有独立的功能导航。

(4)引导型故障查询:该功能引导操作者从确定车辆的故障现象到找出症结所在,最后将其排除。

下面以"发动机故障灯亮"故障为例,说明通过诊断仪进行故障诊断的过程。发动机故障灯亮的故障诊断流程如图 6-8 所示。

使用诊断仪对其进行诊断的具体操作步骤如下。

(1)查找诊断接口。诊断接口的具体位置没有统一的标准,其布置一般遵循以下原则:以驾驶员为中心,半径 0.5m,驾驶员伸手就可以接触到的范围内。一般按照:转向盘左下方熔断丝盒(A 区域)——转向盘下方转向柱(B 区域)——换挡杆前方(C 区域)——中央扶手箱内(D

汽车专用诊断仪使用方法

区域)的顺序进行查找。一汽—大众迈腾的 OBD 汽车诊断接口位置在转向盘柱下面,制动器的左上方。

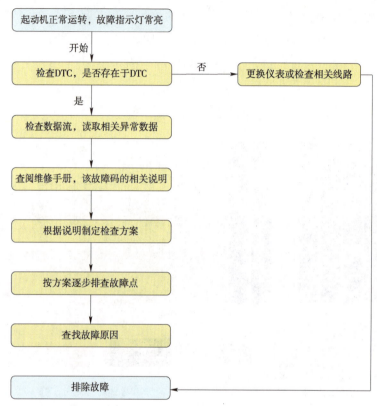

图 6-8 "发动机故障灯亮"诊断流程

(2)使用诊断连接线或具有蓝牙功能的连接装置插接到诊断接口上,并连接 VAS6150 诊断仪。

(3)打开点火开关,起动诊断系统,选择车型、VIN 号码后,根据故障现象选择发动机电控系统,进入发动机电脑 J643。

(4)读取故障码,根据故障码和故障提示进行相关部件的检查。必要时可以通过查看动态数据流、执行元件测试等操作帮助分析和检查。

(5)对电控系统进行检查、测试和维修后,起动发动机,观察发动机故障灯是否熄灭。如果熄灭,则利用诊断仪清除故障码后完成任务。

(6)如果发动机故障灯仍然亮起,则可以利用诊断仪进行引导型故障诊断,确定故障部位并排除。

 任务小结

(1)车载自诊断系统(OBD)系统能在汽车运行过程中实时监测发动机等电控系统的工作状况,如发现工作异常,则一方面将故障以 DTC 代码形式存储在系统内的存储器上;另一方面,点亮发动机 MIL 故障灯等以提醒驾驶员及时检修系统。

(2)汽车诊断接口DLC是符合OBD标准的16针梯形接口,配合诊断仪可以实现汽车电控系统的故障自诊断,方便维修人员进行故障诊断与排除,从而使汽车处在良好的状态运行。

(3)诊断接口的具体位置没有统一的标准,其布置一般遵循以下原则:以驾驶员为中心,半径0.5m,驾驶员伸手就可以接触到的范围内。一般按照:转向盘左下方熔断丝盒(位置1)——换挡杆前方(位置2)——中央扶手箱内(位置3)——前排乘员侧杂物盒(位置4)的顺序进行查找。

(4)汽车诊断仪是汽车维修的重要工具,分为专用诊断仪和通用诊断仪,能够实现读取故障码、清除故障码、动态数据测试、执行元件测试、参数设置等功能,配合测量装置还可以实现万用表、动态波形显示等功能。

(5)在汽车诊断仪使用过程中,要注意遵守安全操作规程和5S管理,做好车辆的防护,按照诊断仪的提示规范操作。

子任务3 维护周期的复位

任务描述

车主李先生反映,前两天刚在汽车4S店维护过车辆,但发现仪表板上有个灯还一直亮,不知道是什么原因,只能来汽车4S店求助。技术人员对汽车进行检查后,发现是维护提示灯常亮。

大众迈腾轿车组合仪表板集成了维护提示功能,车辆行驶到规定的维护里程或时间后,会通过组合仪表板上的信号灯和文字提醒驾驶员及时对车辆进行维护。当点火开关在ON位置,显示屏上的"SERVICE"标志闪烁,而起动发动机后标志消失,表明该车应进行维护。维护后应该及时进行维护灯归零操作,否则,维护提示灯"SERVICE"会在汽车行驶时一直亮起。

学习目标

(1)能理解维护提示信息的含义。
(2)熟悉手动维护周期恢复的功能与操作。
(3)能使用诊断仪对汽车维护周期进行恢复设置。
(4)会运用所学知识和经验,为客户提供汽车维护的建议。
(5)具备信息查询和手册使用的基本能力。
(6)能够按照企业5S要求和安全生产规范进行操作。
(7)能与同学密切合作,规范安全地完成学习活动。
(8)养成自主学习的习惯,培养操作规范的工作作风及环保意识。
建议学时:4学时。

知识准备

维护周期提示灯用来提醒驾驶员,按照汽车生产厂商规定的维护周期进行汽车的维护。一般汽车仪表显示屏上的"SERVICE"标志为维护周期提示标志,其工作状态分为三种。

一、维护即将到期

打开点火开关时,仪表显示维护提示信息。无文本信息显示功能的轿车,组合仪表会显示"扳手"符号和"km",显示的公里数相当于距离下次规定维护可行驶的距离。数秒钟后显示器切换显示内容,显示时钟符号和距下次规定维护的天数。有文本信息显示功能的车辆,其组合仪表显示字符"Service in ____ km or ____ days(距离下次维护____ km 或____天)"。

二、维护到期

打开点火开关时,系统将发出声音提示信号,显示器显示"扳手"符号数秒钟。有文本信息显示功能的车辆,其组合仪表显示字符"Service now(立即维护)"。

三、维护超期

超过规定的维护期限时,仪表显示负的超期行驶里程。有文本信息显示功能的车辆,其组合仪表显示字符"Service in ____ km or ____ days(距离下次维护____ km 或____天)"。

操作指引

1. 组织方式

(1)场地设施:装有废气抽排系统和消防设施的场地。
(2)设备设施:一汽—大众迈腾轿车。
(3)工量具:大众汽车专用诊断仪(一台)、常用工具(一套)、防护用品等。
(4)耗材:一次性防护用品等。

2. 操作要求

(1) 注意车辆和个人的防护。
(2) 遵守场地安全规定，注意用电安全。
(3) 正确连接、使用诊断仪等设备。
(4) 在进行维护周期复位时，注意控制点火开关和发动机的状态。
(5) 维护周期复位操作应该在汽车维护完成后进行。
(6) 保持车内外干净，遵守现场5S管理。

任务实施

维护周期的手动复位可以通过以下方式进行。

1. 调取汽车维护信息

打开点火开关，发动机处于运转或静止时均可调出汽车的维护提示信息。具体有以下两种方法：

(1) 按压组合仪表中的按钮，直至显示器显示扳手符号 。
(2) 选择 Setting(设置)菜单，在 Service(服务)子菜单里选择 Info(信息)子菜单项。

此时，显示屏就会显示汽车的维护信息与状态，如图6-9所示。

图6-9　按钮设置与仪表板显示

2. 手动恢复维护周期的方式

对于不同配置的车型，维护里程归零的操作方式有所区别。

(1) 对于液晶屏具有文本显示功能的车型，可以通过多功能转向盘或者雨刮控制柄上的开关配合 ok/reset 按键，通过以下步骤实现：
① 选择 Setting(设置)菜单；
② 在 Service(服务)子菜单里选择 Reset(重置)菜单键；
③ 按压"OK"键确认维护里程归零。

(2) 对于无文本显示功能的车型，操作步骤如下：
① 关闭点火开关；
② 按住 0.0/SET 按钮；
③ 打开点火开关；

迈腾维护周期复位方法

④松开 0.0/SET 按钮,并在 20s 内按压 按钮。

此外,维护周期的归零也可以通过专用诊断仪完成。同时,通过专用诊断仪还可以对维护里程进行设置。

 任务小结

(1)维护周期提示灯用来提醒驾驶员,按照汽车生产厂商规定的维护周期进行汽车的维护。一般汽车仪表显示屏上的"SERVICE"标志为维护周期提示标志,其工作状态分为维护即将到期、维护到期和维护超期三种。

(2)汽车维护后,一般需要对维护周期进行复位,也称为维护周期归零。一般通过手动操作完成。一汽—大众迈腾汽车的维护周期复位具体操作方式为:通过依次选择 Setting—Service—Reset—OK 子菜单按钮完成或按住 0.0/SET 按钮并配合操作点火开关完成。

(3)汽车在使用过程中,应该按照厂商规定的维护周期进行定期维护,确保汽车始终处于较好的技术状况。

子任务 4　灯光、仪表系统的检查

 任务描述

车主王先生开车在公路上行驶时,前方出现隧道,王先生打开前照灯灯光开关,发现自己的轿车组合仪表上的灯光故障指示灯点亮了,而且前照灯远光不亮,导致汽车进入隧道看不清道路,差点出现交通事故。随后王先生来到 4S 店要求给予维修。

王先生驾驶的是迈腾轿车,经维修技师对该车的灯光系统进行检测,发现前照灯灯光损坏,导致灯光不亮,需要对前照灯进行更换。

车辆的照明系统用以照明道路、标示车辆宽度、照明车厢内部、指示仪表以及夜间车辆检修,而车辆的信号系统能在汽车转弯、制动、会车、停车、倒车等工况下,以警示行人和其他车辆的作用,如果出现问题,会影响汽车行驶的安全,因此需要立即对该车的灯光系统进行检修。

学习目标

(1)能描述灯光系统的组成及作用。
(2)能说出仪表系统的组成及作用。
(3)能辨识前照灯的类型及优缺点。
(4)能进行前照灯光束检查。
(5)能说出仪表系统中各警告灯、指示灯的含义。
(6)能看懂并分析灯光、仪表系统电路图。
(7)具备查询维修手册和使用手册的基本能力。
(8)能够按照企业5S要求和安全生产规范进行操作。
(9)能与同学密切合作,规范安全地完成学习活动。
(10)养成自主学习的习惯,培养操作规范的工作作风及环保意识。
建议学时:**4**学时。

照明系统分类

一、照明及信号系统

汽车照明系统的作用是用以照明道路、标示车辆宽度、照明车厢内部、指示仪表以及夜间车辆检修。汽车照明系统按安装位置及用途可分为车外照明装置和车内照明装置。

1. 车外照明装置

车外照明装置包括前照灯(包括示宽灯)、雾灯、牌照灯、倒车灯等,如图6-10所示。

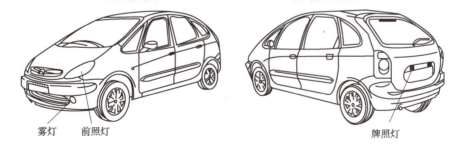

雾灯 前照灯　　　　　　　　　　　　　牌照灯

图6-10 车外照明装置

前照灯位于汽车头部两侧,也称前大灯,用于夜间或光线较暗情况下汽车行驶时道路照明。国家标准规定汽车前照灯必须具备远光和近光两种照明方式,并通过变光开关转换。

雾灯位于车头和车尾,安装在车头的雾灯称为前雾灯,安装在车尾的雾灯称为后雾灯。雾灯用于雾天、暴雨、下雪或沙尘弥漫等情况下汽车行驶的照明。通常雾灯光色为黄色,黄色光波较长,穿透性好。

· 111 ·

牌照灯位于汽车后牌照的上方或两侧,用于汽车夜间行驶时牌照的照明,其亮度应保证在 25m 以外能认清牌照号码。

倒车灯位于汽车尾部,用于夜间汽车倒车时照明后方,通常能照亮车后 10m 的距离。倒车灯也兼倒车信号灯。

2. 车内照明装置

车内照明装置包括有仪表灯、顶灯、行李舱灯、阅读灯、工作灯等,如图 6-11 所示。

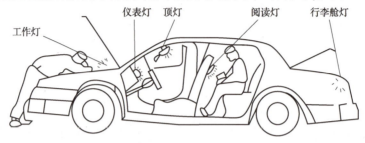

图 6-11 车内照明装置

仪表灯位于仪表板内,用于汽车仪表的照明,便于光线较暗时驾驶员观察仪表。

顶灯位于驾驶室或车厢顶部,又称室内灯,用于室内照明,如图 6-12 所示。

图 6-12 车内顶灯
1-车内顶灯;2-阅读灯

一般汽车车内顶灯都具有自动点亮或关闭的功能,车内顶灯自动点亮或关闭的条件如下。

进入汽车:汽车一解锁或车门一打开,顶灯亮,车门关闭 30s 后或点火开关打开时,顶灯熄灭。

离开汽车:点火钥匙拔出或车门打开,顶灯亮(延时 30s 左右);所有车门都关闭,30s 后顶灯熄灭或汽车锁止,立即熄灭。

行李舱灯位于行李舱内,用于夜间行李舱的照明。

工作灯位于发动机舱内,用于夜间临时汽车检修照明。

3. 信号系统

汽车信号系统的作用是在转弯、制动、会车、停车、倒车等工况下,以警示行人和其他车辆。汽车信号系统包括转向信号灯、制动信号灯、倒车信号灯、STOP 停止灯、第三制动灯等。图 6-13 所示为车辆前部和后部的照明和信号灯光系统。

汽车电气电控系统维护 学习任务六

a)前部灯光

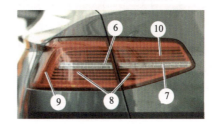
b)后部灯光

图 6-13 照明与信号系统
前部:1-转向灯;2-远光灯;3-近光灯;4-日间行车灯;5-前雾灯
后部:6-转向灯;7-倒车灯;8-制动灯;9-日间行车灯;10-后雾灯

二、仪表系统

汽车仪表系统的作用是使驾驶员能够清晰地了解汽车及各系统的工作情况,以便更好地驾驶车辆。仪表系统一般由发动机转速表、冷却液温度表、显示器、车速表、燃油表、特殊按键以及显示车辆各种信息的显示器等组成。图 6-14 所示为迈腾轿车组合仪表系统。

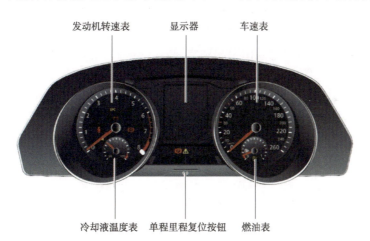

图 6-14 迈腾轿车组合仪表系统

其中车速表起到指示汽车行驶速度和记录汽车行驶总里程的功能,它由用来指示汽车行驶速度的车速表和记录汽车行驶总里程的里程表组成,安装在仪表板内,一般有机械式和电子式两种。像迈腾轿车一样,现在车辆大部分采用的是电子式的。

发动机转速表的作用是显示发动机转速,表盘上红色区域的始点为发动机最高允许转速,发动机经正确磨合后并达到工作温度时方可以此最高允许转速运转。指针到达红色区域前应将换挡杆挂入临近高挡或将变速杆移入挡位 D。一般情况下,行驶时切勿让指针持续处于发动机转速表表盘的红色区域,否则,有损坏发动机的风险。

单程里程记录器复位按钮可将单程里程记录器清零,只需按压该按钮就可以实现。

燃油表显示油箱剩余燃油量,当燃油表亮起时表示燃油箱里即将无油,轿车使用备用燃

· 113 ·

油行驶,驾驶员应立即加油。燃油箱里的燃油油位过低,行驶途中可能导致轿车突然抛锚,引发伤亡事故,油位过低时可能导致发动机燃油系统不规则供油,轿车沿山路上下坡行驶时尤其容易熄火。

冷却液温度表用来显示发动机冷却液的温度,正常行驶条件下,指针应处于表盘中央,发动机大负荷运转时(尤其在环境温度较高时)指针可能向右偏转。如果冷却液温度警报灯亮起,安全起见,必须尽快停车,关闭发动机,等发动机完全冷却,指针返回正常温度区,再检查冷却液液位。图6-15所示为迈腾轿车冷却液温度表。

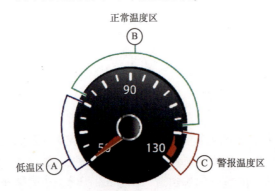

图6-15 迈腾轿车组合仪表上的水温表

组合仪表上还会出现许多警报灯或者指示灯来告知驾驶员相关信息。组合仪表上的警报灯或者指示灯用于对车辆状态发出警报或者是提示轿车存在故障,又或指示轿车各种功能。打开点火开关时某些警报灯或者指示灯将点亮,一旦发动机开始运转或轿车开始行驶,警报灯或者指示灯应熄灭。根据车辆的配置,组合仪表显示器还可能显示相关文本信息,具体说明轿车所处状态或要求驾驶员执行某些操作。车辆在行驶时,驾驶员需要时刻注意观察警报灯和显示屏上显示的文本信息,并按要求进行相关操作。否则,可能导致车辆抛锚,引发事故,致伤人员。

三、前照灯

前面讲过,前照灯位于汽车头部两侧,用于夜间或光线较暗情况下汽车行驶时道路照明。

前照灯组成

1. 对前照灯的基本要求

(1)应能保证车前有明亮而又均匀的照明,使驾驶员能够看清车前方100m以上路面上的物体。随着汽车行驶速度的不断提高,要求道路照明的距离也越来越远。

(2)前照灯应具有防炫目的功能,避免夜间会车时不使对方驾驶员炫目。

2. 前照灯类型

前照灯保证了汽车能够在夜间正常行驶,而为了使汽车在夜间行驶更有保障,前照灯的光源被不断优化。汽车的前照灯按照其光源的不同可分为白炽灯、卤素灯、氙气灯、LED灯、激光灯等类型。随着汽车技术的不断发展,过去那种白炽真空灯已先后被淘汰。现在汽车的前照灯以卤素灯、氙气灯、LED灯为主。

早期的汽车使用过煤油灯和乙炔灯,随着电灯的发展,白炽灯代替了乙炔灯,而目前汽车使用的卤素灯诞生于 1960 年,卤素前照灯其实就是白炽灯的升级版,在白炽灯中加入卤族元素的应用,能使得白炽灯的亮度提高 1.5 倍,同时使用寿命也是普通白炽灯的 2~3 倍。为了提高白炽灯的发光效率,提高了钨丝的温度,但相应会造成钨的升华,并凝华在玻璃壳上使之发黑。在白炽灯中充入卤族元素或卤化物,利用卤钨循环的原理可以消除白炽灯的玻壳发黑现象。

20 世纪 90 年代,车灯制造商海拉将技术成熟的氙气车灯推向市场。氙气灯打破了爱迪生发明的钨丝发光原理,在石英灯管内填充高压惰性气体,取代传统的灯丝,以 23000 伏高压电流刺激氙气发光,在两极间形成完美的白色电弧。氙气车灯亮度是卤素灯的 3 倍,能耗是其一半,使用寿命更是卤素灯的 7 倍。灯光效果对比如图 6-16 所示。

a)卤素前照灯

b)氙气前照灯

图 6-16 灯光效果对比

LED 前照灯指采用白色 LED 的汽车前照灯,它是在 2007 年首次在汽车上装配配备。LED 前照灯寿命长达 1 万 h,点亮所需时间不超过 0.1s,功耗也更低,近年来已经得到广泛应用。

汽车激光前照灯是 LED 前照灯之后的又一大发明,宝马公司已经在 2014 年新款 X5 高配版上使用激光前照灯。激光前照灯的原理是激光二极管(Laser Diode)发射的蓝光灯贯穿前照灯单元内的荧光粉材料,将其转换成一个扩散的白光,明亮的同时对眼睛也更加友好。它具有比 LED 前照灯更佳的发光强度、发光效率、响应时间,能耗也更低,如图 6-17 所示。

图 6-17 新型前照灯

3. 前照灯的防炫目措施

1）采用双丝灯泡

前照灯通常采用双丝灯泡，一个灯丝为远光灯丝，位于反射镜的焦点，射出的光线远而亮；一个灯丝为近光灯丝，位于反射镜焦点的上方或前方，射出的光线大部分向下倾斜，且光线较弱，可防炫目。我国交通法规规定，夜间会车时，须在距对面来车150m以外互相关闭远光，使用近光。

2）设置遮光罩

在双丝灯泡的近光灯丝下设置遮光罩（也称配光屏），当近光灯丝发光时，近光灯丝下方的光线被遮住，消除了向上的反射光线，而远光灯丝发光时，遮光罩不起作用。

3）采用合理的配光光形

前照灯近光配光光形有对称形配光、E形非对称形配光（防炫目效果较好，目前绝大部分前照灯采用这种配光光性）和Z形非对称配光（可以使对面的驾驶员和行人不炫目，是一种优良的配光光形）。

四、前照灯的控制

前照灯的控制部件包括灯光开关、变光开关、前照灯继电器等。

1. 灯光开关

灯光开关的形式有拉钮式、旋转式和组合式等形式。通常采用组合开关，将前照灯、小灯（前位灯、尾灯、仪表灯、牌照灯）、转向信号灯及变光等开关制成一体，安装在转向盘左下方的转向柱上。组合开关操纵杆端部旋钮有三个位置，转动旋钮，可依次接通小灯和前照灯。

2. 变光开关

变光开关的作用是变换前照灯的近光和远光。变光开关串接在前照灯电路中。将组合开关操纵杆端部旋钮置于前照灯位置，拨动操纵杆可使前照灯变光（近光与远光变换）。

3. 前照灯继电器

前照灯工作电流较大，如用灯光开关直接控制前照灯，灯光开关易烧坏，因此，在前照灯电路中设有前照灯继电器。前照灯继电器 SW 端子接灯光开关，E 端子搭铁，B 端子接电源，L 端子接变光开关。当接通灯光开关（前照灯位置），继电器线圈通电，触点闭合，通过变光开关向前照灯供电。

现在有些车辆已经用电脑控制代替了继电器控制。图 6-18 为迈腾轿车车灯开关及前照灯控制电路。由电路图可以看出，灯光的控制直接由电脑完成。

4. 迈腾轿车前照灯的控制

图 6-19 所示为迈腾轿车的信号转向灯及远光操纵杆。其中①代表打开右侧转向信号灯；关闭点火开关后将操纵杆从中间位置上拨即可打开右侧驻车灯。②代表打开左侧转向信号灯；关闭点火开关后将操纵杆从中间位置下拨即可打开左侧驻车灯。③代表打开和关闭前照灯远光，打开前照灯远光时组合仪表里的远光指示灯随即点亮。④代表操作前照灯闪光器，该位置具有自动回位功能。

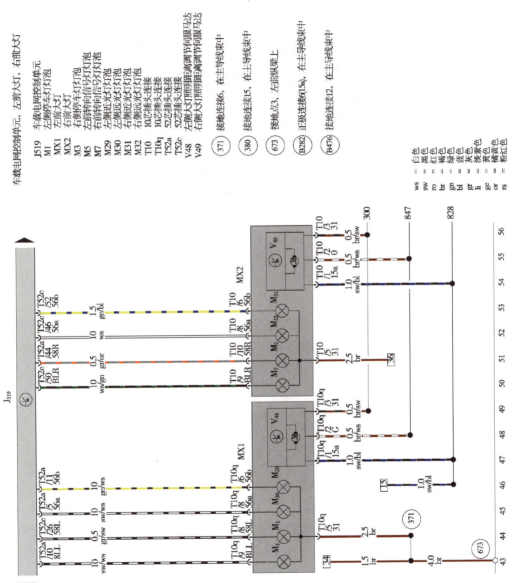

图 6-18 迈腾轿车灯开关及前照灯控制电路

需要注意的是,打开点火开关后转向信号灯方能工作;关闭点火开关后危险警报灯仍可工作;如迈腾轿车转向信号灯失效,相应一侧的转向信号指示灯的闪烁频率加快一倍;打开近光前照灯后方能打开远光前照灯。

根据配备不同有三种开关形式,将车灯开关拧至相应位置即可打开相应车灯,将车灯开关拉出至一挡即可打开前雾灯,拉出到头可打开后雾灯,按压车灯开关或将车灯开关拧至位置"0"即可关闭雾灯。

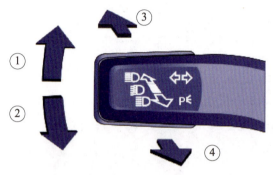

图 6-19　迈腾轿车转向信号灯/远光操纵杆

五、前照灯的使用与维护

1. 前照灯的正确使用方法

(1)应注意前照灯的密封,防止水及灰尘进入,以免污染反射镜。
(2)前照灯的光学组件要配套,不要随意更换不同功率的灯泡。
(3)前照灯安装要牢固。

2. 前照灯的维护

(1)清洗前照灯的配光玻璃表面灰尘,并用抹布擦干。
(2)检查前照灯的配光玻璃是否破裂。如果有,则更换前照灯;检查前照灯安装是否牢固。如果有松动,则予以紧固。
(3)检查两侧前照灯的远光或近光是否同时点亮,远、近光变换是否正常。如果前照灯工作异常,则予以检修。
(4)检查前照灯的近光束照射位置可使用屏幕检查法或检验仪检查法进行检查。检查时,场地应平整,轮胎气压正常,汽车空载(允许乘坐一名驾驶员),蓄电池电量充足,前照灯安装牢固。

汽车停在前照灯距幕布正前方(一般为 10m)。两前照灯应分别进行检查,盖住一侧前照灯,检查另一侧前照灯的光束明暗截止线转角或中点是否落在幕布 a 或 b 点上,左、右差不得大于 100mm,且明暗截止线应重合。如果不符合要求,则予以调整。除此之外还有检测仪检测法。

3. 前照灯的常见故障

前照灯常见故障有前照灯不亮、亮度降低和灯泡频繁烧坏。

1）前照灯不亮

前照灯不亮包括两侧前照灯远、近光均不亮；两侧前照灯远光或近光均不亮；一侧前照灯远、近光均不亮；一侧前照灯远光或近光不亮等。引起前照灯不亮的主要原因有灯泡损坏、熔断丝断开、开关或继电器损坏及线路故障等。

2）前照灯亮度降低

前照灯亮度不够，通常是由蓄电池电量不足或发电机及调节器故障引起的。此外，导线连接松动或接触不良、导线过细或搭铁不良、反射镜有尘垢、灯泡发黑、灯泡功率过小等也可导致灯光暗淡。

3）灯泡频繁烧坏

灯泡频繁烧坏一般是因电压调节器损坏，使发电机输出电压过高造成的。此外，灯座与导线连接松动，也有可能造成灯泡频繁烧坏。清洗前照灯的配光镜表面灰尘，并用抹布擦干。

4）前照灯检查流程

图 6-20 为前照灯常见故障的检查流程，在检查过程中需要查找相应的电路图，拆装需遵守相应的工艺文件。

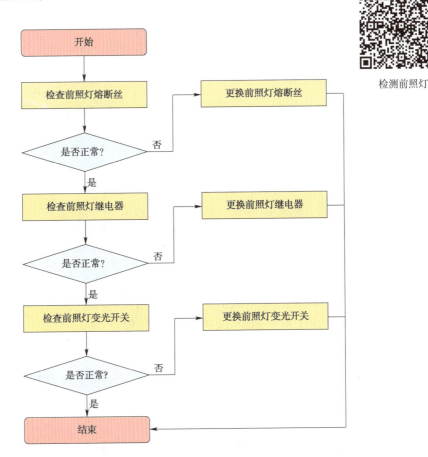

检测前照灯

图 6-20　前照灯常见故障检查流程

操作指引

1. 组织方式

(1) 场地设施:装有汽车尾气排放系统的场地。

(2) 设备设施:一汽—大众迈腾轿车两辆(一辆提前设置故障)、一汽—大众专用诊断仪、汽车防护用品。

(3) 工量具:万用表、常用工具一套、手套、防护用品等。

(4) 耗材:开关、前照灯继电器、灯泡、保险、抹布等。

(5) 维修手册:迈腾轿车电路图、迈腾轿车维修手册、迈腾轿车使用手册。

2. 操作要求

(1) 正确使用车辆,需要注意车辆和个人的安全防护。

(2) 遵守场地安全规定,注意用电安全。

(3) 正确使用拆卸前组合前照灯的专用及通用工量具。

(4) 在前照灯断开插接器或者检查熔断器或者继电器前,需首先关闭点火开关并断开蓄电池。

(5) 拆装前照灯插接器时,需观察其连接方式,注意防止插接器的损坏。

(6) 拆卸、安装时需要在对车身做相应的防护,并安装到位。

(7) 注意废物回收。

任务实施

以一汽—大众迈腾轿车为例进行任务实施。

1. 观察迈腾轿车的灯光系统

(1) 进行实车对照,了解前照灯中各个灯的位置,并记录。

(2) 进行实车对照,了解尾灯中各个灯的位置,并记录。

(3) 进行实车对照,了解车内中各个灯的位置及使用方法,并记录。

2. 灯光操纵开关的使用

(1) 使用灯光开关,了解掌握灯光开关的含义及使用方法,并记录。

(2) 使用转向信号灯/远光操纵杆,了解掌握转向信号灯/远光操纵杆的使用方法。

(3) 在操纵开关的同时,观察前照灯的状态,找出故障点。

3. 检查仪表系统

结合迈腾轿车使用手册,熟悉仪表系统,并说明仪表系统警告灯和指示灯的含义,完成工作页。

4. 查找电路图

查找迈腾轿车的电路图,找到前照灯控制电路原理图,进行分析。图 6-21 所示为迈腾近光灯控制电路图,图 6-22 所示为迈腾远光灯控制电路图。

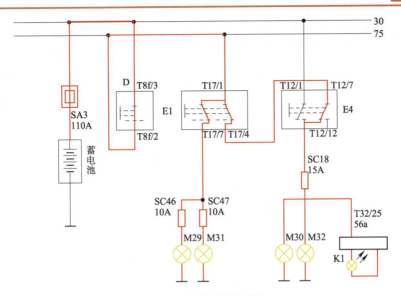

图 6-21 近光灯控制电路图

D-点火开关；M29-左近光灯；M31-右近光灯；E1-灯光开关；M30-左远光灯；M32-右远光灯；E4-大灯变光开关；K1-远光灯指示灯；

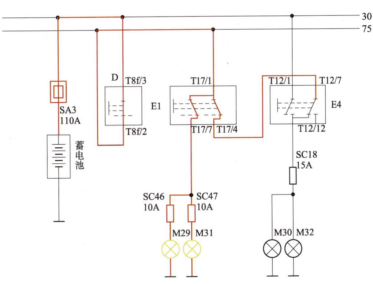

图 6-22 远光灯控制电路图

D-点火开关；M29-左近光灯；M31-右近光灯；E1-灯光开关；M30-左远光灯；M32-右远光灯；E4-大灯变光开关；

5. 查找维修手册

查找迈腾轿车的维修手册，找到前照灯拆装方法，并制订工作计划。

6. 拆卸前照灯总成，找到故障点并排除

需按照由维修手册制订出的工作计划进行拆卸前照灯总成，并查找故障点。如需更换灯泡，需注意以下事项：

(1) 更换灯泡时须留意发动机舱内前照灯壳体和组合尾灯壳体上的尖锐部件，防止被划伤；

· 121 ·

(2)损坏的灯泡必须充分冷却后方可更换;

(3)注意手指不要触碰灯泡,否则,灯泡产生的热量会使手指上汗液蒸发,凝结在灯泡玻璃上,导致灯泡反光器"模糊不清";

(4)更换灯泡后应检查灯泡是否能正常点亮,如灯泡不亮,则应检查是否灯泡未安装到位,检查连接插头是否未插紧,以及灯泡是否损坏。

7. 安装前照灯总成

根据维修手册,按照与拆卸相反的顺序重新安装前照灯总成。

8. 调整前照灯

按照前照灯调整标准流程对前照灯进行调整。

拆卸与安装前照灯

 任务小结

(1)汽车照明系统的作用是用以照明道路、标示车辆宽度、照明车厢内部、指示仪表以及夜间车辆检修。汽车信号系统的作用是在转弯、制动、会车、停车、倒车等工况下,以警示行人和其他车辆。汽车信号系统包括转向信号灯、制动信号灯、倒车信号灯、STOP停止灯、第三制动灯等。汽车仪表系统的作用是使驾驶员能够清晰地了解汽车及各系统的工作情况,以便更好地驾驶车辆。

(2)前照灯的控制部件包括灯光开关、变光开关、前照灯继电器。

(3)灯光不亮故障应按照一定的思路进行排除。

参 考 文 献

[1] 蒋红枫,邢亚林.汽车维护理实一体化教材[M].北京:人民交通出版社,2014.
[2] 谭本忠.汽车维护与保养图解教程[M].北京:机械工业出版社,2012.
[3] 彭小红,官海兵.汽车发动机电控系统检修[M].北京:人民交通出版社股份有限公司,2016.
[4] 蔺宏良,张光磊.汽车底盘电控系统检修[M].北京:人民交通出版社股份有限公司,2016.
[5] 崔选盟,廖发良,蔺宏良.汽车运用与维修[M].西安:西安电子科技大学出版社,2016.
[6] 朱军,汪胜国,王瑞君.汽车维护实训教材[M].2版.北京:人民交通出版社股份有限公司,2017.
[7] 王尚军.汽车维护与保养[M].北京:人民邮电出版社,2010.
[8] 潘正军.汽车维护与修理常见问题及解决措施[J].内燃机与配件,2017,22:71-72.
[9] 高红花,等.高职《汽车维护》课程信息化教学设计探讨[J].才智,2016,17:49-50.
[10] 刘丽卿.《汽车维护》课程教学改革探索与实践[J].科技创新与生产力,2015,3:39-41.
[11] 夏雪松.汽车维护与保养基础[M].北京:化学工业出版社,2014.